KB143656

대한민국 최초의 고시원 창업비법

대한민국 최초의 고시원 창업비법

초판 1쇄 인쇄일 2020년 8월 3일
초판 1쇄 발행일 2020년 8월 10일

지은이 황재달
펴낸이 최길주

펴낸곳 도서출판 BG북갤러리
등록일자 2003년 11월 5일(제318-2003-000130호)
주소 서울시 영등포구 국회대로72길 6, 405호(여의도동, 아크로폴리스)
전화 02)761-7005(代)
팩스 02)761-7995
홈페이지 http://www.bookgallery.co.kr
E-mail cgjpower@hanmail.net

ISBN 978-89-6495-184-2 03320

* 저자와 협의에 의해 인지는 생략합니다.
* 잘못된 책은 바꾸어 드립니다.
* 책값은 뒤표지에 있습니다.

이 도서의 국립중앙도서관 출판시도서목록(CIP)은 e-CIP홈페이지(http://www.nl.go.kr/ecip)와 국가자료공동목록시스템(http://www.nl.go.kr/kolisnet)에서 이용하실 수 있습니다.
(CIP제어번호 : CIP2020031856)

대한민국 최초의 고시원 창업비법

황재달 지음

BG 북갤러리

추천사 1

고시원 창업의 A에서 Z까지 담긴 책!

작가 이권복('성장읽기, 너와 나의 은퇴학교' 유튜버)

누구나 경제적인 자유를 꿈꾼다. 자본주의 사회를 살아가는 데 있어 돈이 없으면 할 수 없는 것이 많기 때문이다. 그래서 많은 사람들이 경제적인 자유를 이루기 위해 다양한 창업아이템에 관심을 가지고 찾고 있다.

《대한민국 최초의 고시원 창업비법》은 창업에 관심이 있는 사람이라면 무조건 읽어야 하는 책이다. 그동안 고시원 창업에 대한 책이 없었다. 이 책을 통해 고시원 창업과 운영에 대해 관심을 가져보자. 자신의 경험과 노하우를 녹여내었고 하나부터 열까지 초보자들도 쉽게 이해할 수 있도록 많은 걸 담아낸 책이다.

부동산 투자에 관심이 있고, 수익형 부동산에 관심이 많은 사람이라면 고시원에도 관심을 가져보자. 다른 부동산 투자에 비해 강점이 많다. 보고 따라할 만한 고시원 창업에 대한 책을 찾고 있다면 이 책을 추천하고 싶다. 고시원 창업의 A에서 Z까지 담긴 책이다.

투자 기회는 남들이 거들떠보지 않을 때가 가장 리스크가 적다는 사실을 떠올리면 쉽게 이해할 수 있을 것이다. 그런 면에서 이 책에 특별한 관심을 가져볼 만하다. 남들이 잘 쳐다보지 않는 이곳에, 생각보다 큰 기회와 경제적인 자유를 제공해 줄지도 모른다.

추천사 2

고시원 창업의 바이블이자 지침서

김반장(traver_runner_jeju 인스타)

이 책은 고시원 창업의 바이블이다. 이 책은 고시원 창업의 지침서다.

너무나 쉽게 풀어 놓으셨다. 너무나 쉽게 읽힌다. 그래서 두 번을 바로 이어서 읽었다.

동네아저씨께서 옆에 앉아 '부자 교육'을 해 주는 듯 약간은 투박한 느낌의 문체지만 그래서 더 현장감 있게 읽혔다. 진짜 이렇게까지 다 풀어줘도 될까 싶을 정도로 아낌없이 책에 담아 주었다.

책 내용 중 저자가 꿈꾸는 백수 3가지(돈, 시간, 친구)는 나도 평소에 가지고 있는 부분이라서 크게 공감되었다. 백수를 위해 오늘도 달린다. 작가께서 고시원 창업뿐 아니라 기업분석 및 투자자산운용 등의 업무를 해서인지 비즈니스에 대한 조언도 사실적으로 담겨져 있다. 부자와 빈자의 마인드 차이에 대한 이야기기도 공감되고 내 스스로를 돌아볼 수 있는 시간이 되어 감사했다. 특히, 인생선배로서 자신이 원하는 선명한 꿈을 가지고 있는가에 대한 중요한 말씀도 좋았다.

이 책은 고시원 창업에만 국한해서 읽을 필요가 없다. 부동산 또는 자산소득 그리고 부자가 되고 싶은 그 어떤 사람이 읽어도 배우고 느끼는 부분이 있을 것이다. 엄마, 아빠한테서도 못 배우는 '부자학 강의'를 꼭 읽어보길 추천한다. 책으로 먼저 뵈었지만 작가님을 오프라인에서 꼭 뵐 수 있는 날이 오길 기대한다.

추천사 3

적은 돈으로도 안정적인 수익을 창출할 수 있는 '고시원 창업'

대학생호갱이(블로거)

이 책은 어떻게 하면 경제적인 자유를 얻을 수 있는지에 관련된 책인 것 같았다. 이 책을 보기 전에는 건물을 가지고 있는 사람들만이 고시원을 창업할 수 있다는 고정관념이 있었다. 하지만 그렇지 않았다. 비교적 적은 돈으로 안정적인 수익을 창출할 수 있는 것이 바로 고시원이었다.

고시원 창업이라고 하면 대부분의 사람들이 생소하다고 여길 것이다. 창업에 관심이 있는 나도 처음 "고시원 창업"에 대한 이야기를 들었을 때 그렇게 느꼈기 때문이다. "3개월이면 어느 정도 가능하고, 6개월이면 충분합니다."라는 글을 보고 '어떻게 그럴 수 있지?'라는 의문이 들기도 하였다. 하지만 여러 근거들과 저자의 확고한 신념으로 고시원 창업에 대한 아이디어가 꽤 설득력이 강하다고 느꼈다. 그리고 좋은 창업 아이템이 될 수 있겠다는 생각이 들었다.

사실 나는 지난 1년간 고시원 생활을 했었다. 고시원에서 살면서 고시원이 좋은 창업 아이템이라고는 생각도 하지 못했다. 하지만 이 책을 읽고 "그런 시스템이었구나!"라는 것을 깨닫게 되었다. 그리고 저자는 이 책을 통해 꿈을 향해 멈추지 말고 도전하는 '창업 정신'을 일깨워 주기도 한다. 그래서 이 책이 단순히 고시원 창업과 관련된 정보만 전해주는 책이 아니라 인생선배로서 꿈과 미래에 대한 조언도 아낌없이 해 준다. 저자의 생각과 철학도 담겨 있어서 배울 점도 많은 책이라 생각한다.

작가의 말

가장 매력적인 아이템, '고시원 창업'으로 다 함께 부자 됩시다!!!

책을 출판하지마자 예상치 못한 높은 관심도와 호응으로 새로운 개정판을 출간하게 되었다. 먼저 책을 사랑해 주신 독자 여러분께 감사의 말을 전한다. 개정판은 기존 사례를 새로운 사례로 변경한 점이 가장 큰 특징이다.

이 책은 '대한민국 최초의 고시원 창업과 운영'에 관한 내용을 다루었다. 필자는 처음 고시원 창업을 준비할 때 필요한 지식과 정보를 구할 수 없어 수많은 시간과 비용을 허비하는 시행착오를 겪었다. "목마른 자가 우물을 판다."라는 말이 있다. 내가 겪었던 어려움과 답답함을 해소하고자 고시원을 창업하고 운영하면서 직접 몸으로 느끼고 체득한 실제 사례와 경험담을 아낌없이 책에 담았다. 이 책을 통해 고시원에 대한 부족한 정보가 나름 해소되고, 예비창업자와 운영자에게 조금이나마 도움이 되길 간절히 바라는 마음이다.

이 책은 몇 가지 집필 의도가 있다.

첫째, 독자들이 이 책을 완독하게 되면 고시원 창업 · 운영에 어느 정도의 지식수준에 도달할 수 있도록 집필했다.

둘째, 독자들이 고시원 창업 · 운영에 관해 최대한 쉽게 읽고, 이해할 수 있도록 전문용어 사용을 지양하였다.

셋째, 필자가 경험한 많은 사례를 담아서 독자들에게 나름 흥미를 제공하고, 실질적인 도움이 되도록 만들었다.

넷째, 고시원 창업 · 운영에 많은 도움을 드리고자 모든 내용을 여과 없이, 최대한 상세하게 다루었다.

다섯째, 독자들의 관심에 따라 어떤 장을 먼저 읽어도 내용이 연계될 수 있도록 하였다.

여섯째, 본문 내용 가운데 숫자들이 많이 등장하지만, 고시원별 상황이

다르므로 큰 추세를 보이고자 함을 이해 바란다.

이 책에서 다소 아쉬운 부분이 있더라도 읽는 독자 여러분들이 너그럽게 봐 줄 거라고 믿는다. 또한 내용에 있어서 완전한 독창성을 담보하기가 어려워 다른 이들의 글들을 참고한 것도 밝혀 둔다.

못난 자식을 항상 믿어주시는 나의 어머님 유권석 여사, 언제나 응원해주시는 박명석 장인어른, 이희순 장모님께 감사의 인사를 전한다. 아이들에게 인기 만점 선생님인 아내 박경은, 만능 엔터테이너이자 영상전문가 첫째 딸 슬아, 영(Young) 파티쉐를 꿈꾸는 제과 · 제빵기능사 둘째 딸 수린, 사랑하는 필자의 가족이 책 출판의 일등공신이다. 거친 글들을 부드럽고 안정감 있게 부활시켜 준 공동사업자 원영희 님께 특히 감사의 마음을 전한다.

2020년 7월

황재달

차례

2장 고시원 창업 전, 알아야 할 사항들

3장 고시원 창업 7단계 사용설명서

4장 공실 최소화를 위한 고시원 운영 관리비법

5장 고시원 창업으로 다 함께 부자 됩시다!

1장

건물 없이도 월세 부자가 될 수 있다

건물이 있어야만 부자가 되는 것은 아니다.
부자는 사고의 전환과 정보로도 될 수 있다.
당신이 노력하지 않아서, 열심히 살지 않아서 가난한 것은 아니다.
부자가 되는 방법을 모르는 것이다.

많은 곳에 부자가 되는 방법이 널려 있다.
부자는 이 방법을 찾아서 실천하고,
가난한 사람은 이 방법을 알려고 하지도 않는다.

by 황재달

1

왜 고시원 창업이 대안인가?

우리가 직접 고시원을 창업하면 어떨까?"

2018년 어느 따뜻한 봄날 오후에 휴대전화 벨소리가 울렸다.

"황 사장, 뭐해?"
"선배님, 무슨 일 있어요?"
"황 사장, 고시원 어때?"

고시원 창업은 이렇게 시작되었다. 20년간 친하게 지내는 N 선배와의 대화 내용이다. 내용인즉슨 "우리 사무실 옆에 고시원을 운영하는 상가를 사려고 한다. 고시원 월세 밀리지 않겠지?"라고 했다.

호기심이 발동하여 고시원으로 전화해서 물었다.

"빈방 있습니까? 입주요금은 얼마입니까?"

"3개 빈방 있습니다. 요금은 40만 원 내외이고, 가격 조정 가능합니다."

원장 답변을 듣고 선배에게 말했다.

"장사도 잘 되는 것 같고, 친절하고 공실이 적어 문제가 없을 것 같습니다."

N 선배는 상가에 투자해서 일정액의 월세를 받는 조건으로 매입했다.

몇 달이 지난 2018년 가을, N 선배와 술자리를 하게 되었다. 그런데 뜬금없이 이렇게 말했다.

"황 사장, 투자해서 월세를 받는 것보다 우리가 직접 하면 어떨까?"

월세를 받는 고시원을 몇 달 동안 관찰했다고 했다. 월 수익도 발생하고 운영도 아주 어렵지는 않은 것 같다고 이야기했다. 그날 이후로 필자는 고시원에 대한 공부를 시작했다. 일단 네이버, 다음에서 '고시원 창업'을 키워드로 검색해 고시원 관련 사이트에서 자료를 찾았지만, 별반 유용한 것은 없었다. 주변에 고시원 운영자도 없어 아주 난감했다. 그때의 막막함은 지금 다시 생각해도 생생하다.

그러다 과거에 푸르덴셜생명 LP로 활동할 때 자산관리를 맡았던 L 이사님이 떠올랐다. 그는 외국기업에 근무 중이었는데, 온 가족이 싱가포르로 떠나게 되어 여유자금이 2억 5,000만 원 정도 생겼다고 했다. 그래서 필자에게 안전하면서도 쉽게 운영할 수 있는 창업 아이템을 찾아 달라고 했는데, 그때 서울 신림역 4번 출구 신축 고시원을 소개한 중개사가 기억났다. 수소문 끝에 그 당시 고시원을 소개한 중개사를 만나서, 신림동 고시원에 관해서 물어보았다. 월 평균 600만 원 이상 벌다가 5년 운영하고, 2억 3,000만 원에 매각했다고 했다. 5년이 지났는데 인수 때보다 겨우 2,000만 원 적게 받고 매각한 것이다.

필자 주위에 많은 분들이 다양한 아이템으로 창업해서 운영을 하고 있다. 창업을 준비하는 분들도 많다. 그래서 필자는 고시원 창업을 공부하면서 프리미엄 독서실, 스터디카페, 원룸, 게스트하우스, 셰어하우스, 탁구장, 당구장 등 수많은 창업아이템들의 강점, 약점에 대해서 연구하고 분석했다.

사회친구 L은 3억 5,000만 원을 투자해 서울 강남구청 근처에서 스터디카페를 창업했다. 현재도 운영 중이다. 창업할 때 유명한 T 브랜드는 가맹비와 인테리어비가 너무 비싸 약 4억 원 투자가 필요했기 때문에 친구는 지명도가 조금 떨어지는 A 브랜드로 창업을 하였다. 이 친구는 전 직장에서 회계부장을 역임한 능력자로 2년 정도는 월 1,000만 원 이상 수익을 올렸다. 최근에는 스터디카페의 진입 장벽이 낮아져 근처에 대규모 신규 스터디카페가 생겼다고 한다. 또한 경쟁아이템인 프리미엄 독서실 등의 진입으로 월 300~400만 원의 소득을 남기며 고전을 면치 못하고 있다.

사회친구 L과 친한 P는 O쇼핑에서 명예퇴직을 한 친구다. L 친구의 소개로 서울 신촌, 건대에 각각 3억 원씩 총 6억 원을 투자해서 2개의 스터디카페를 창업했다. 결론만 말하면 건대 쪽은 보증금만 받고, 권리금 없이 넘긴 상태다. 신촌 지역도 경쟁업체의 등장으로 초기의 700~800만 원의 월 수익에서 200~300만 원으로 대폭적인 수익 감소를 보이고 있다.

필자가 취미로 탁구를 좋아해서 탁구장 창업을 검토한 바 있다. 보증금 5,000만 원, 월세 330만 원(부가세 포함), 시설비 5,000만 원 등 총 1억 원을 투자하면 약 300만 원 정도 수익이 발생하는 구조이다. 그런데 문제는 탁구장의 주 수익원이 개인레슨이라는 점이다. 선수 출신이 아니면 회원들이 선호하지도 않고 레슨비를 높게 책정할 수 없다. 또한 근무 시간과 강도가 생각보다 높다. 근처에 좋은 시설의 탁구장이 생기면 클럽회원이 대규모로 이동하여 수익이 대폭 감소할 수 있다. 이것이 두려워 흔히 말하는 진상 고객들에게도 친절해야 하는 '을' 아닌 '을'로 전락한다.

게스트하우스는 일반적으로 외국인 투숙객을 대상으로 하기 때문에, 기본적인 언어소통이 되어야 한다. 사스, 사드, 메르스 그리고 최근 불거진 한일문제 등 외생변수에 너무 취약해서 매출 변동이 심하게 발생하는 문제가 있다. 또한 투숙객들이 자주 바뀌면 생각하지 못한 많은 시간투자와 추가 비용이 발생할 수도 있다.

여러 강점을 가진 고시원 창업

그럼 고시원 창업은 어떤 강점을 가지고 있을까? 이어지는 내용에서 더욱 세부적으로 언급할 예정이니 여기서는 간단히 서술한다.

첫째. 고시원 창업은 다른 아이템에 비해서 특별한 기술이 필요하지 않다. 예를 들면, 필자가 사는 아파트 근처 자주 방문하는 체인점인 D 호프의 사장님은 여러 가지 안주를 잘 만들어서 오랫동안 잘 운영하고 있다. 만약 요리 기술이 없었으면 벌써 문을 닫았을 것이다.

둘째, 고시원 창업은 투자 금액 1억 원 미만은 저가형, 1~2억 원 사이는 중가형 창업이 가능하다. 투자 금액이 많은 사람은 3억 원 이상의 신축 및 규모가 큰 고급형 고시원을 창업하면 된다.

셋째, 고시원 창업은 누구나 할 수 있다. 처음에 고시원 운영 경험이 없으면 당황하기도 하고 고객을 놓치는 등 시행착오를 한다. 그러나 3개월 정도만 지나면 기본적인 운영시스템을 알게 된다. 시간이 지나면 지날수록 비법이 축적되어 수익 증대로 연결된다.

넷째, 위에서 언급한 탁구장, 게스트하우스는 노동 투입시간이 많다. 고시원의 하루 노동시간은 적은 편이다. 창업을 통해 많은 수익을 올리는 것도 중요하지만, 적게 근무하고 자신이나 가족을 위해 추가 시간을 이용할 수 있다면 강점이 될 것이다.

다섯째, 인수한 후에 성공적으로 운영해서 공실비율이 낮은 경우에는 인수할 때의 투자 금액에 권리금을 더해서 비싼 가격에 매각을 할 수 있는 것도 강점이다.

필자가 많은 시간과 돈을 투자해서 연구, 분석해서 얻은 결론이다. 고시원 창업은 높은 기술력을 요구하지 않고, 비교적 소자본으로 높은 수익률을 낼 수 있는 아이템이다. 지속 · 안정적으로 운영을 할 수 있고, 잘 운영하면 초기 투자 금액을 모두 회수할 수 있다. 이보다 좋은 창업아이템을 찾기는 쉽지 않다.

창업 아이템은 많다. 사람마다 가진 능력과 자본도 다르고 본인들이 추구하는 방향이 다를 수도 있다. 필자는 요즘 대부분의 시간을 고시원에 관해 생각하면서 지내고 있다.

"5년 내 오픈하우스 200호점을 오픈할 수 있을까?"

고시원 전문가로서, 고시원 창업이 다른 아이템에 비해서 최고의 경쟁력을 가지고 있다고 주장한다. 일찍 시작하면 할수록 많이 유리하다. 고시원 창업에 관심을 갖고, 공부하고 최대한 빨리 창업에 도전하기를 바란다.

2

누구나 도전할 수 있는 창업, '고시원!'

초보자도 3개월이면 잘할 수 있다

많은 사람들이 창업을 고민하면서 처음으로 하는 생각이 '저 아이템을 내가 할 수 있을까?'이다. 가장 흔하게 접할 수 있는 치킨집을 창업한다고 해도 '닭을 잘 튀길 수가 있을까?', 호프집 창업을 해도 '안주를 잘 만들고, 생맥주를 잘 따를 수가 있을까?', 빵가게를 오픈해도 '빵을 잘 만들 수가 있을까?' 고민할 수밖에 없다. 물론 가맹점에서 배우면 된다. 그러나 그렇게 되면 가맹점 본사만 좋은 일 시킨다. 그리고 직원을 채용할 경우 투자 대비 수익률이 급격히 떨어질 수밖에 없다. 지속적이고 안정적인 운영과 수익 창출이 쉽지 않다.

최근에 집 근처 고시원을 시장 조사 목적으로 방문한 적이 있다. 고시원을 구경하면서 빈방을 보고 가격을 알아보면서 원장님께 언제부터 운영 중인지 질문했다. 능수능란하게 고객을 응대하는데 놀랍게도 5개월밖에 되지 않았다고 했다. 중견기업에 근무하다가 회사가 다소 어려움에 처하게 되어 일정 금액을 보상받고 명예퇴직 후 고시원을 창업했다. 처음 고시원 창업을 준비하고 시작할 때 고객 응대와 고시원 내부시설 청소 등이 생소했다고 한다. 전 운영자에게 기본적인 업무 인수인계를 받고 2개월 정도 차근차근 운영해보니 전혀 어렵지 않다고 했다. 지금은 업무를 조금 더 개선해서 인수 때보다 입주비율이 높아져 직장생활 할 때보다 더 많은 수익을 창출한다고 한다. 방문 시에도 공실이 2개여서 좋은 방을 볼 수 없었다. 주말에는 출근을 하지 않고 무인으로 운영한다고 했다. 노동시간도 적고, 스트레스 받을 일이 많지 않아 너무나 좋다고 한다. 일찍 귀가해서 가족들과 시간도 보내고 술자리를 하지 않아서 가족들도 직장 다닐 때보다 훨씬 좋아한다고 했다.

개포점 원장님 사례를 추가로 소개하겠다. 2월에 1:1 고시원 상담 컨설팅을 받으러 왔다. 직장생활을 하다 퇴직하고 1년 정도 경과한 당시 전업주부였다. 파워 포인트로 고시원에 관해 상세하게 설명하면서 창업의 상세한 과정과 시스템화된 운영비법까지 알려줬다. 그분이 하는 말씀,

"누구나 할 수 있겠네요?"

원장님은 생소한 분야라 고시원 운영에 대한 두려움을 가지고 있었다. 5월에 고시원을 오픈하고 2개월이 지났다. 최근에 고시원 운영에 대해서 질문을 했다. "창업과정과 운영에 어려움이 있었죠?"라고.

원장님이 하시는 말씀,

"처음 접하는 분야인데, 어려움이 없다는 것은 거짓말이지만, 하다 보니 특별히 어려운 점 없어요. 하루하루 재미있어요."

최근에 컨설팅을 받은 40대 초반 남성분 사례를 추가로 설명하겠다. 기술직으로 인천 중견기업에서 근무하고 있는 능력자다. 추가적인 소득원을 만들고 싶어서 경매 등 부동산 투자에 관심을 갖고 있었다. 어느 날 유튜브 알고리즘을 통해 고시원 창업을 접하고 책을 구매해서 읽고 컨설팅을 요청했다. 평소 때 부동산에 관심이 많고 책을 2번 읽고 와서인지 1:1 컨설팅을 해주니, 매우 만족해하며 웃으며 말했다.

"생각보다 쉬워서 누구나 하겠네요. 충분히 할 수 있다는 자신감이 생겼습니다."

물론, 이 분은 재직 중이라 필자가 일정기간 위탁경영을 해주길 원한다. 매물을 기다리고 있다. 정한 투자 금액과 원하는 지역의 물건이 나오기를 기다리고 있는 것이다. 물건을 보여주고, 수익성 분석을 해주고, 창업을 할 수 있도록 모든 제반절차에 도움을 주는 것 그리고 매매계약 금액 협상, 운영자와 임대인과의 계약을 포함한 운영비법 전수도 컨설팅의 범위이다. 인수 후 지속적인 연락을 통한 피드백도 포함된다. 서로가 파트너십으로 꾸준히 같이 성장해 가는 콘셉트이다. 조만간 고시원 원장이 될 것이다.

비교적 적은 자본과 특별한 기술이 필요 없다

필자는 증권회사에서 기업분석가로 잘 근무하다 주변 선배들이 "너 정도 실력이면 창업해도 된다. 창업하면 엄청난 성공과 부를 얻을 수 있다."고 해서 경영컨설팅 회사를 차려 1년 경영한 적이 있다. 지금 생각하면 참으로 철없고 무모한 행동이었다. 선배들의 말만 듣고 겁도 없이 창업을 한 결과는 참담했다.

지금은 일정 금액의 스카우트머니를 제시해도 안 갈 것이다. 그때는 결혼한 지 2년 6개월 되었고, 첫딸이 돌도 안 되었을 때였다. 창업과 경영을 했던 1년 동안 증권회사에 다니면서 모아둔 돈을 시원하게 날려 먹었다. 컨설팅했던 내용은 '벤처기업 창업에서 코스닥 등록까지'였다. 한창 벤처

열풍이 불고서 지나갈 때였다. 준비한다고 몇 개월 허비하는 바람에 창업을 했을 때는 이미 거품이 빠지는 시점이었다. 아내는 그때의 실패 이야기를 하며 한 번씩 잔소리한다. 필자가 과거 이야기를 하는 이유는 어떤 창업을 하든 준비기간과 기술이 요구된다는 것이다.

요즘 창업도 폐업도 가장 많은 아이템은 커피전문점이다. 정말로 발길 닿는 곳은 어디든 커피전문점이 있다. 전 직장의 아는 동생이 커피전문점을 창업하고자 해서 준비하는 과정을 지켜보았다.

일단 비싼 수강료를 지급하고 바리스타 과정을 등록한다. 이 과정을 일정기간 수강하고 자격증을 취득하는 것이 첫 번째 절차이다. 다음은 나름 차별화에 대해서 연구해야 한다. 마지막으로 점포를 얻고 실내 장식을 거쳐서 창업하게 된다. 작은 커피전문점을 창업하는 데도 돈과 시간이 필요하고, 준비기간 동안 수입을 포기하는 기회비용이 발생한다. 게다가 막상 창업을 해도 성공하기 쉽지 않다.

이처럼 어떤 창업을 한다는 것은 절대 쉬운 일이 아니다. 하나 더 언급하면 직장을 그만두고, 빵가게를 차린다고 생각해 보자. 제과 · 제빵은 국가 자격증이며 비용이 만만치 않다. 둘째 딸이 자격증 취득을 위해 장기간 학원에 다녔다. 운 좋게 필기 · 실기시험을 모두 합격해 현재 제과 · 제빵기능사이다. 국가 자격증이라 실기시험 접수만 하는데도 3개월이 걸렸다. 당연히 한 번에 합격하는 것은 매우 어렵다. 학원 원장님의 말씀으로는 1년 정도는 걸린다고 한다. 빵가게를 창업하는데도 이렇게 많은 시간과 비용, 엄청난 기술이 필요하다.

그렇지만 고시원 창업은 높은 기술력을 요하는 것이 아니다. 창업을 준비하는 데 많은 시간이 소요되는 것도 아니다. 고시원은 누구나 창업을 할 수 있고, 1개월 정도면 창업을 할 수 있다. 창업 후 3개월 만에 기본적인 운영이 가능하다. 6개월 지난 후부터는 비법 축적이 많이 된다. 어이없는 이야기로, 경영컨설팅을 창업할 때 고시원을 알았으면 얼마나 좋았을까? 아마도 현재는 엄청난 부를 축적했을 것 같다. 어떤 새로운 아이템을 창업한다는 것은 많은 시간과 돈은 말할 것도 없고, 기술이 필요하다. 그것을 다 갖추고 창업을 해도 성공할 확률은 매우 낮다. 고시원 창업은 어떤 아이템보다 운영하기가 쉽고 단순하다.

부자가 아닌 이유는 열심히 살지 않았거나 노력을 안 해서가 아니다. 부자 되는 방법을 몰라서다. 그리고 좋은 방법을 알아도 행동으로 옮기지 않는 것이다. 이 책을 보는 분들은 고시원 창업이라는 최고의 아이템을 알았으니 이제 행동으로 옮기자.

3

적은 시간 투자로 고시원 운영을 할 수 있다

고시원을 잘 운영하면 자유를 얻을 수 있다!

필자의 꿈은 '백수'이다. 그런데 백수에게는 몇 가지 조건이 따른다. 첫 번째는 경제적으로 여유가 있어야 한다. 돈이 있어야 가고 싶은 곳에 가고, 맛있는 음식도 먹을 수 있다. 두 번째는 시간적인 여유가 있어야 한다. 여행을 가고 싶어도 직장에 매여 있으면 어렵다. 자영업도 자기 자신이 직접 일을 해야 하면, 시간의 여유를 가지기 어렵다. 세 번째는 재미있게 같이 놀아줄 친구들이 필요하다. 같은 취미를 가지든지, 서로 성향이 잘 맞는 친구가 필요한 것이다. 1월 초 평일에 친구 3명과 함께 강릉으로 떠났다. 이동하면서 허심탄회하게 이야기도 나누고, 휴게소에서 음식도 먹었다. 그 유명한 강릉 커피 공장도 방문하고, 탁 트인 바다가 잘 보이는 2층 횟집에서 맛있는 회도 먹으면서 하루를 보냈다. 말 그대로 하루 백수가 된 것이다. 고시원을 무인으로 잘 운영하면 '백수, 백조'가 가능하다.

고시원 운영 형태별 차이점

구분	직접 운영	위탁 운영	종일 총무(중간)	무인 운영	비고
매출	상	중상	중하	중하	
비용	하	중	중	하	
수익	상	중상	중	중	운영자 인건비 미 제외
홍보	직접	위탁업체	직접	직접	
청소 등	직접	위탁업체	총무, 직접	외부용역	
노동시간	많다	매우 적다	적다	적다	운영자 기준

* 여러 변수가 있으므로, 일반적인 기준으로 기술함.

고시원을 운영하는 방법은 다양하다. 서로 강점, 약점이 있고, 수익에도 차이가 있다.

첫 번째, 자신이 직접 운영하는 것으로 직장처럼 아침에 출근해서 저녁에 퇴근하는 것이다. 밤에는 야간 총무를 두는 형태이다. 전통적인 방식이다. 가장 높은 매출을 기록할 수 있다. 주인이 직접 운영하니 고시원이 깨끗하고 청결하며, 주방도 잘 관리된다. 운영자의 노동력 투입 시간이 길어서 일정기간 후에 지칠 수도 있으니 조율이 필요하다.

두 번째는 위탁경영을 맡기는 것이다. 고시원 창업자는 자본 투자를 하고, 운영은 전문 업체에게 위탁하는 형태이다. 최근에 증가 추세에 있는 형태이다. 위탁비용은 매출액, 수익 기준 중에 상호 합의 하에 결정하면 된다. 말 그대로 운영을 위탁하니 신경 쓸 일이 별로 없다. 매일, 매주, 매월 보고만 받고 지시만 하면 된다. 다른 직업을 가지고 있는 투자가에게 적합한 형태이다. 매출과 수익이 안정적이다. 위탁업체도 매출, 수익에 연동해서 수수료를 받기 때문에 최선을 다한다.

세 번째는 종일 총무를 두는 경우이다. 종전에 많이 운영했던 사례이다. 모든 운영에 관한 권한, 책임을 총무에게 위임하고, 총무가 쉴 때 투자가가 근무하는 형태이다. 총무의 능력에 따라서 매출, 수익의 변동 폭이 큰 편이다. 그러나 총무는 보통 공부를 하는 학생이 많기 때문에 고시원 운영이 주 관심사가 아니다.

마지막 형태가 무인 운영 형태이다. 가장 많은 분들이 원하고, 희망하는 운영 형태이다. 모텔도 '무인텔'이라는 콘셉트로 잘 운영되고 있는 곳이 있다. 다만 창업 초기부터 무인 운영을 시도하면 위험 요소가 많다. 기존에 무인 형태로 운영되는 고시원을 인수했더라도 처음부터 무인 운영은 어렵다. 전 운영자는 많은 경험과 비법을 가지고 있으므로 전수받는 것이 좋다. 초보 창업자는 무인 운영을 위해 입주자들의 특성도 파악하는 등 고려 요소가 많다.

최근 계약한 양재점은 거의 무인 형태로 운영이 되고 있었다. 전 운영자분들이 친구 사이로 동업을 했다. 초기에는 고시원 운영에 애착을 갖고 열심히 관리를 하였다. 시간이 지날수록 의견 차이가 발생했다. 한 분은 추가로 시설투자를 해서 더 많은 수익을 얻고자 했다. 다른 분은 지금도 수익이 잘 나는데 추가로 시설투자 할 필요가 없다고 주장했다. 서로 논쟁이 반복되다 보니 매물로 나오게 되었다. 이분들의 운영형태를 살펴보면 입주 문의가 들어오면 전화로 CCTV를 보면서 비밀번호를 가르쳐 주고 비어있는 방을 안내해 준다. 계약 시에는 두 분 중 한 분이 입주신청서를 작성했다. 그러면 청소 등은 어떻게 할까? 청소는 전문 청소업체에 아웃소싱을 하였다. 주 3일간 일정 금액을 주고 맡겼다. 이런 형태로 운영하는 고시원도 제법 있다. 몇 가지 문제가 발생할 수도 있다.

첫째, 상주하지 않기에 민원, 불만에 대해서 대처가 느리다. 예를 들어 주방에 라면, 김치 등이 적기에 보충되지 않으면 고객들은 불만을 느낄 것이다. 만약 밤에 입주자가 열쇠를 안 가져와 방에 들어가고 싶어 하면, 운영자는 밤늦게라도 와야 한다. 또한 청소하시는 분이 대충 한다면 이것은 치명적인 위험이다. 고객 불만으로 매출에 타격을 입게 된다. 청소 대행을 맡은 분은 고시원 시설 전반에 걸쳐 깨끗이 청소를 해야 하고, 퇴실자 방도 정리해야 한다. 고객들은 개선을 요구하고 시정이 되지 않으면 어떤 경우에는 조용히 다른 고시원으로 이동할 것이다. 아주머님은 청소를 깨끗이 잘하셔서 건물과 위생 상태가 참 좋았다. 전 운영자들이 나름 수익이 나오는데 매각한 이유는 동업이다 보니 서로가 관심이 적고, 서로가 일을 상대방에게 미루어서다.

고시원에서 발생하는 업무, 생각보다 단순하다

고시원에서 발생하는 업무를 살펴보면, 하루 1~2시간 투자로 고시원 운영이 가능하다. 개포점 L 실장의 업무를 살짝 보겠다. 종일 총무로 고시원에서 숙박을 한다.

첫째, 통상적인 기본 업무이다. 기상 후 바로 점등, 온도 조절, 환기다. 전기료 절감과 냄새 없는 쾌적한 고시원 환경 유지를 위한 업무이다. 그 다음 고시원 내부를 청소한다. 2개 층에 방들이 있어 청소기로 20분 정도면 가능하다. 주방에서는 주변 정리와 함께 밥, 반찬 등을 보충하고 세탁실 등을 점검한다. 재활용, 일반 쓰레기 분리수거를 확인한다. 복도 옥상 등을 정리 정돈한다. 필요하거나 부족한 물품 등을 체크하여 주문한다. 사람마다 다르지만 빠르면 30~40분 정도에 처리가 가능하다. 반드시 알아야 할 것은 비상구 앞은 항상 깨끗하고 비상시 역할을 할 수 있게 해야 한다는 것이다.

둘째, 영업에 관련된 업무이다. 전화 응대와 방문고객 안내, 상담이다. 그리고 홈페이지 문의 답변, 블로그 작성이다. 일이 있을 때만 처리한다.

셋째, 고객이 가끔 요구하는 민원 처리이다. 많지도 않고 크게 어렵지도 않다.

어떤 사안을 바라보는 관점들은 사람마다 다르다. 너무나 당연한 것이다. 필자는 독창적인 사람은 아니다. 다른 사람들이 하는 것을 모방하고, 좀 더 좋게 개선하는 강점은 있다. 고시원 무인화도 똑같다. 처음부터 하고 싶다고 바로 하는 것은 과욕이다. 먼저 잘하고 있는 시스템을 배우고, 파악하고 연구해서 적용하면 큰 무리 없이 진행할 수 있다. 도입 지연에 따른 비용, 추가 기기 설치에 따른 돈의 지출이 있을 수 있다. 안정적인 도입으로 정착되면 좋은 투자와 시스템으로 남을 것이다.

필자는 언제든지 마음 맞는 사람들과 여행을 떠나고 싶다. 열심히 일하고 좋은 벗들과 좋은 곳에서 맛있는 음식과 차를 마시고 싶다. '내가 떠나고 싶을 때 떠나는 백수'를 여전히 꿈꾼다. 상반기까지 열심히 해서 하반기에는 자주 백수가 될 것이다. 고시원 관리는 스마트 폰으로 충분히 할 수 있다.

4

비교적 소액 투자로도 높은 수익률 올릴 수 있다

고시원 운영으로 연 20% 수익률이 가능하다

일주일에 4~5일 만나는 동네 형님이 있다. 탁구 동호회 활동을 할 때 만났다. 한 달간 매일 탁구를 마치고, 호프를 마시기도 했다. 사실 대부분 형님이 술값을 계산하고, 얻어먹으면서 인생도 배우는 입장이다. 참 고마운 분이다. 최근에는 필자가 고시원 일, 책 집필 때문에 바빠 자주 만나지 못하고 있다.

그 형님은 부산 출신으로 집안이 너무 가난해 군 제대 후 늦게 대학을 진학했다. 졸업 후 건축회사에서 근무하다 관련 오퍼상을 창업했다. 처음에는 어려운 과정이 있었지만, 형님의 품성과 능력을 알아본 귀인을 만나

도움을 받아 성공했다. 작년 여름에 형님이 은퇴를 해서 강릉에서 조용히 살고 싶다고 했다. 월 200만 원이면 노후를 보내는 데 문제가 없다고 했다. 그래서 여러 아이템을 같이 연구해서 B 라빈스 강릉 ㅇㅇ지점으로 정하고, 투자 금액과 수익금액을 알아봤다. 3억 원 투자 금액에 월 수익은 200~300만 원이었다. 문제는 아르바이트를 채용해야 하고, 아르바이트가 출근을 못하면 형님 부부가 일을 해야 한다는 것이다. 당연히 창업 전에 기술 습득은 필수사항이다.

1억 원이라는 돈은 누구에게나 큰 금액이다. 고시원을 창업하려면 저가형은 1억 원 미만, 중가형은 1~2억 원, 고가형은 3억 원 이상이 필요하다. 10년 전에 비해 고시원 창업비용은 크게 상승하지 않았다. 고시원 창업은 투자 금액도 중요하지만 좋은 물건을 골라서 잘 운영하면, 높은 수익을 얻을 수 있다.

1억 원 이내 투자 금액으로는 전통적인 고시원을 창업할 수 있다. 화재, 시설 등의 위험요소가 존재하지만 월 200만 원 이상 수익을 창출할 수 있다. 1~2억 원 투자 금액으로는 중가형으로 미니룸, 혼합형, 원룸형 고시원 창업이 가능하다. 운영을 잘할 경우 500만 원 이상, 보수적으로 볼 때 200만 원은 충분히 수익 창출이 가능하다. 3억 원 이상 투자 금액으로는 고급형 고시원 창업이 가능하다. 적어도 500만 원 수익 획득이 가능하다.

중가형으로 보증금 5,000만 원, 시설권리금 1억 원을 투자해 보자. 1억 원은 자신의 자금으로 하고, 5,000만 원은 은행 대출로 조달하는 걸 가정해 보자. 1억 5,000만 원 투자하고 운영할 경우 월 300만 원 수익, 연 3,600만 원 수익으로 가정해 보자. 워낙 저금리라 5,000만 원 대출에 이자 3%면 연 150만 원, 5%면 연 250만 원이 지출된다. 연 3,600만 원 수익에 이자비용 250만 원을 제하면 연 3,350만 원의 초과 수익이 발생한다. 월 기준으로 약 280만 원씩 꾸준히 수익이 발생하는 것이다. 가계 소득이 월 약 280만 원 증가하면 가정의 삶의 질이 달라질 수 있다.

지금 형님 부부는 어떻게 되었을까?

가을에 성남 야탑역에 보증금 1억 원, 시설권리금 1억 원, 월 임대료 350만 원, 30개 방의 고시원을 창업했다. 야탑역은 유동인구가 많은 곳이다. 주변에 병원도 많고 성남시청도 가깝다. 경기도 광주와 인접한 곳이라 고시원 수요가 많다.

너무 친한 사이라 형님이 전적으로 필자에게 고시원 창업을 맡겨서 부담스러웠다. 3개월 정도의 기간이 걸려서 야탑역 2분 거리에 좋은 위치에 창업을 했다. 형님은 그대로 사업을 운영하고 계신다. 형수님은 편한 시간에 야탑역 근처 고시원으로 출근하신다. 형님 댁에서 20분 내 거리이다. 형수님이 잠깐 고시원 업무를 보고, 입주고객이 있으면 중간 중간에 방문한다. 저녁에는 야간 총무가 와서 기숙하면서 고시원 업무를 처리한다. 필자에게 형님이 위탁을 원했는데 필자가 거부했다. 너무 친한 사이라 부담스러웠기 때문이었다. 11월에는 월 수익 400만 원을 초과하였다. 12, 1월은 겨울이라 난방비 지출 증가로 300만 원대 후반의 수익을 기록했다. 요즘 두 분은 원하던 노후자금과 시간의 여유로움을 얻고 계신다. 계속 사업이 축소되고 있는 형님이 사업을 정리하게 되면, 추가로 고시원을 창업할 것이다.

단순 비교는 조심스럽지만 B 라빈스와 한 번 비교해 보겠다. 첫 번째로 일단 투자 금액이 3억 원, 2억 원으로 큰 차이가 난다. 두 번째는 B 라빈스의 경우 두 분이 노동을 하든지 아르바이트를 채용, 관리해야 한다. 고시원은 딱히 직원 관리가 필요 없다. 고시원 노동시간은 얼마 되지 않는다. 마지막으로 투자 금액 대비 수익률로 간단히 비교해 보자. B 라빈스가 3억 원 투자에 연 3,000만 원의 수익이 발생한다고 가정하면, 연 10%의 수익률이다. 고시원은 2억 원 투자에 연 4,800만 원 수익이니 연 20% 수익률이다. 약 2배 정도 수익률 차이가 난다. 지속적인 수익 창출과 노동 투입시간을 감안하면, 더욱 큰 차이가 발생한다.

형수님은 굉장히 유능한 분이다. 같이 근무하던 의사들이 피부과를 창업 · 운영하면서 수시로 형수님을 불렀다. 프리랜서로 항상 일이 있었다.

그러던 중 동업을 하자는 제안을 받았다. 형님은 처음에는 반대했다. 두 가지 이유였다. 하나는 동업은 항상 좋은 결과를 내기 힘들다는 게 평소의 생각이었기 때문이다. 본인도 사업을 하고 있으니, 동업하는 사람들의 경우를 많이 보아서 그랬던 것 같다. 둘째는 40km 정도 떨어져 있는 거리에 대한 차량 이동 부담이었다. 먼 거리를 빠르고 급하게 가야 하기에 교통사고의 위험이 높다는 이유였다. 그러나 형수의 강력한 요청으로 허락하였다.

의정부에서 VIP 피부 관리실을 공동 창업 · 운영했다. 각각 1억 원, 총 2억 원을 투자했다. 수익은 인당 250만 원씩, 나름 괜찮았다. 동업자와의 관계는 항상 복잡한 법이라 스트레스를 많이 받아서 1년 만에 동업을 청산, 자본금을 회수하고 쉬고 계셨다. 고시원 창업을 권할 때 처음 하는 일이라 걱정이 많으셨다. 약 4개월이 지난 지금은 이렇게 말씀하신다.

"진짜 누구나 할 수 있는 일이 고시원이네요. 세상에 돈을 버는 방법은 많네요. 단지 모를 뿐이네요."

형수님은 이번 명절에 고맙다고 작은 선물을 보내왔다. 형님은 요즘도 퇴근 시간 때쯤 자주 전화가 온다. 언제 퇴근하느냐고 말이다. 필자는 이렇게 대답한다. "형님, 제가 요즘 집필 중이라 시간이 없습니다." 빨리 집필을 마치고 형님과 좋아하는 J 막걸리 한잔하면서 담소의 시간을 가져야

겠다. 맛있는 안주와 함께.

소중한 돈을 투자해 높은 수익률을 올려라

자신의 직업을 통해 주위의 소중한 분들에게 도움을 줄 수 있다는 것은 무척 행복한 일이다. 필자가 많은 시간과 비용을 투자해서 얻은 노하우를 원하는 분들께 전달해서 같이 부자가 되면, 또한 행복한 일이다. 필자가 원하고 추구하는 삶의 방식이다. 어떤 분들은 "너무 많은 노하우를 주면 뭘 먹고 사느냐? 다른 사람들이 금방 따라 할 것이다."라고 말한다. 필자 생각은 다르다. 책 《백만장자 메신저》의 저자에 의하면 "진정한 메신저는 현재에 머무르지 말고, 끊임없이 연구, 노력하여 그 분야에서 통달하는 것이 진정한 메신저"라고 했다. 필자도 더욱더 공부를 해서 한 단계, 두 단계 높은 수준의 전문가를 지나 통달하는 사람이 되고 싶다. 고시원 창업 · 운영 컨설팅이 많은 분들에게 도움을 주는 아이템이라 참 행복하다.

1억 원을 모으려면 매달 월 80만 원을 10년 저축을 해야 모을 수 있는 큰돈이고 소중한 자산이다. 소중한 돈을 아무데나 투자를 하는 것은 무척이나 신중해야 한다. 위의 형님 부부의 사례에서 보듯이 돈을 어느 아이템에 투자하느냐에 따라 부부의 삶이 완전히 달라질 수 있다. 자신이 조달 가능한 투자 금액을 산정하고, 원하는 지역에서 고시원 창업을 생각해

보라. 큰돈이 아니라도 높은 수익률을 올릴 수 있는 아이템이 고시원 창업이다. 창업에 대한 두려움과 선입견을 갖지 말고 고시원 창업에 대해서 알아보시기 바란다. 시작을 해야 끝도 있는 법이다. 행동하지 않고 생각만 하면 얻는 것은 아무것도 없다. 망상만 늘어 머리만 아플 따름이다. 그나마 누구나 쉽게 창업 · 운영할 수 있는 아이템이 고시원 창업이다.

5

'1인 가구' 증가로 고시원 수요가 안정적이다

혼밥, 혼술, 혼놀…. 늘어나는 '1인 가구'

필자는 예전이나 지금이나 바쁘게 일을 하고, 시간을 아껴 사용하는 편이다. 그래서 자주 '혼밥'을 하는 편이다. 종전에는 혼자 밥 먹는 것을 불편해하는 사람이 많았다. 혼자 밥 먹는 거 신경 쓰인다고 굶는 직원도 봤다. 괜히 주위를 의식하게 되고 식당 주인 눈치도 봐야 했다. 그러나 최근에는 혼밥이 일반화되어 전혀 신경을 쓰지 않는다. 너무나 많은 사람들이 혼밥하는 것을 자주 목격할 수 있다. 실제로 각자의 일이 바빠서 시간 절약을 위해서 혼밥을 하기도 한다. 요즘은 혼밥만이 아니라 '혼술', '혼놀'까지 유행하고 있다. 특히 편의점이 혼밥, 혼술 문화를 만드는 데 많은 기여를 하였다. 편의점에 가면 없는 게 없다.

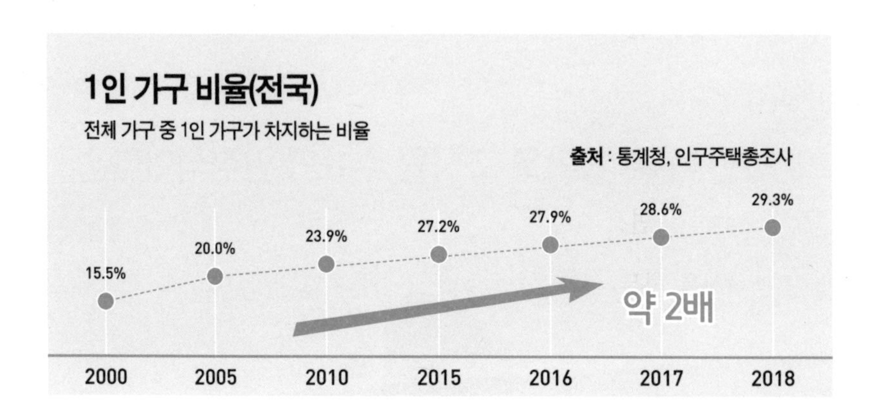

최근에 1인 가구의 증가세가 가파르다. 2018년 기준 통계청 자료에 따르면 "2000년 15.5%의 1인 가구 비중이, 2018년에는 29.3%로 약 2배가량 증가했다. 2019년에는 30%를 돌파했다.

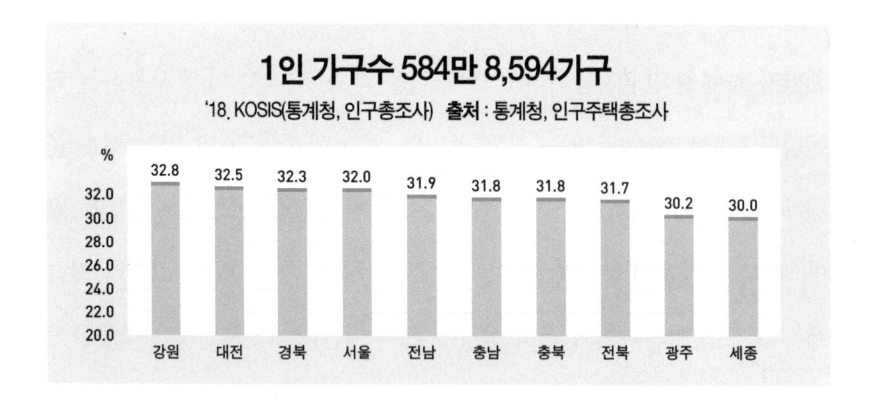

2018년 1인 가구 총인원은 5,848,594명으로 집계되었다. 서울시는 1,299,418명(남성 581,941명, 여성 647,477명), 경기도는 1,197,582명

(남성 647,041명, 여성 550,541명)이다. 지역별로는 강원도가 32.8%, 대전 32.5%, 경북 32.3%, 서울 32%순으로 집계되었다. 실로 엄청난 증가세를 기록하고 있다. 1인 가구의 증가는 사회 전반적인 문화의 큰 변화를 가져왔다. 앞에서 잠깐 언급했지만 편의점의 성장이다. 1인 가구의 경우 아침도 출근하면서 삼각김밥 등으로 간단히 해결한다. 점심은 직원들과 같이 식사를 하든지, 아니면 혼밥으로 해결한다. 저녁도 식사 준비하는 것도 힘들고, 피곤하고 귀찮으면 편의점에서 간편식으로 해결한다. 편의점의 급증세는 1인 가구 증가세와 추세를 함께한다.

그럼 왜 1인 가구가 폭발적으로 증가할까? 몇 가지로 분석해 볼 수 있다.

첫째, 청년들의 취업과 결혼이 늦어지면서 1인 가구의 증가세가 가속화되었다. 졸업을 한 후에도 취업이 되지 않아 구직 기간이 길다. 설령 취업을 하더라도 결혼 자금 준비를 위해서는 많은 기간이 필요하기에 1인 가구로 머무르는 시간이 길다.

둘째, 젊은이들이 결혼을 회피한다. 필자는 30살을 앞두고 지금 아내와 만나 5개월 만에 결혼을 했다. 그 당시는 나이 서른이면 노총각, 노처녀라 불렀다. 결혼을 하지 않으면 이상한 시선으로 보는 시대였다. 지금 생각하면 그냥 웃음만 나온다. 요즘은 어떠한가? 우리 딸도 결혼을 안 하겠다고 한다. 필자가 뭐라고 하겠는가? 본인의 자유의사이다.

셋째, 과거에는 자녀들이 부모들과 함께 생활하는 것이 당연했지만 최근에는 그렇지 않다. 자녀들의 업무적 특성 때문에, 혹은 출퇴근 거리가 너무 멀어 독립해서 1인 가구를 구성하는 경우가 많다.

넷째, 이혼의 급증세다. 이혼의 증가세는 지속적으로 일어나고 있는 현상이다. 최근에는 황혼 이혼 사례도 많다. 이 또한 1인 가구의 증가 요인이다.

다섯째, 급속한 고령화가 진행되면서 부부가 사별해서 혼자 살게 되는 경우도 있다. 이 또한 1인 가구의 원인이다.

1인 가구의 증가는 주택, 식품, 가구, 가전, 생활용품 등 문화와 환경 면에서 엄청난 변화를 가져왔다. 아파트의 소형화, 1인 가구를 겨냥한 도시형 생활주택 그리고 오피스텔 공급이 확대되었다. 공급 증가에도 모두 수용하기에는 부족한 듯하다. 원룸과 셰어하우스 수요의 증가도 1인 가구 영향이다. 1인 가구의 증가는 혼자서 살아가는 모습을 다룬 TV 프로그램이 시청자들로부터 높은 관심과 시청률을 기록하고 있다. 프로그램이 시작된 지 상당기간이 지났는데 현재도 인기리에 장기 방송중이다. 1인 가구의 증가로 식당과 커피숍 등도 혼자 방문해서 식사를 하거나 커피를 마시는 데 부담을 느끼지 않도록 공간이 마련되었다. 추가로 혼술을 할 수 있는 공간이 생겼다. 따라서 1인 가구 대상 마케팅이 산업에서 차지하는 비중이 높아지고, 아주 중요해 졌다.

1인 가구가 증가하면 고시원도 더 필요하다

고시원의 경우도 마찬가지다. 1인 가구의 증가는 고시원의 수요와 밀접한 관계가 있다. 청년층들의 늦은 취업으로 아르바이트나 파트타임 등의 적은 소득으로 비용 부담이 많은 원룸, 오피스텔보다 고시원을 선호한다. 고시원이 월 지출액이 가장 적다. 갑자기 이혼을 한다고 가정해 보자. 이혼 전에 집을 미리 구하든지, 이혼 후 집을 구할 수도 있을 것이다. 집을 구하지 못하는, 갑작스런 사건이 발생하면 가장 쉽게 단기간 머무를 수 있는 것이 고시원이다.

개포점 입주고객을 잠깐 소개하겠다. 30대 중반 K씨는 외국 회사에서 기술영업을 하기로 하고 여수에서 서울로 상경했다. 가장 고민거리는 거주지였다. 원룸을 얻고 싶어도 보증금, 거주기간, 관리비, 아침 식사비용 등도 부담스럽다. 3개월 간 강남에서 교육업무를 받아야 하고, 퇴근을 늦게 하는 상태에서 어디서 잠을 자야 하겠는가? 결국 회사와 가까운 고시원을 찾는 것이다. 교육이 끝나고 수습기간 동안은 소득이 많지 않을 것이다. 적당한 소득이 올라올 때까지 지내기에는 고시원이 제격이다.

두 번째는 지방에서 3개월 정도 현대자동차 본사에 연수를 받으러 온 고객이다. 짧은 기간 단기간의 연수라서 원룸이나 셰어하우스 입주가 어렵다. 최소한 6개월은 계약을 하므로 한 달 단위로 입주가 가능한 고시원이 제격이다.

1인 가구 증가로 고시원은 안정적인 수익 창출이 가능해졌다. 추가해서 2019년 서울시에서 발표한 고시원 신축 주거 기준에는 모든 방에 창문을 설치하라고 명시돼 있다. 신축 시 방 하나의 크기를 화장실 포함 시 10제곱미터, 약 3평(화장실 미포함 7제곱미터, 약 2평) 이상으로 만들어야 한다.

서울시의 고시원 주거허가 기준 공표로, 인가받고 건축하기가 점점 어려워진다. 또한 오래되고 노후화된 고시원은 점점 없어질 것이다. 현재 고시원 수요는 증가하는데, 공급은 감소나 정체 중이라 안정적이고 지속적인 수익 창출이 가능하다. 다른 업종들은 공급 과잉과 진입의 장벽이 낮아서 치열한 경쟁과 함께 가격인하의 요구가 강하다. 물론 지역 · 업체별 개인차는 존재한다. 시장은 수요와 공급으로 이루어지고, 수요, 공급에 따라 가격이 결정된다. 그러나 향후에도 고시원은 공급 감소와 진입의 장벽이 높아져 안정적이고 꾸준한 수익 창출 기회가 있다. 운영하기에 따라 초과 수익 창출도 가능하다. 고시원 창업 · 운영은 충분히 매력적인 창업 아이템이다.

6

계속된 기술축적으로 사업 확장이 쉽다

고시원 사업으로 10년 만에 꼬마 건물주가 되다

고시원을 알아보다 마포구 망원시장 근처 고시원을 방문했다. 60대 중반의 M 여자 사장이었다. 6개월 전에 혼합텔(미니룸+원룸형)을 인수했다고 했다. 집과의 거리가 멀어 매각한다고 했다. 인수해서 여기저기 수리를 했는데, 필자가 보기에는 별로였다. 그냥 시간도 있고 해서 옥상에서 햇볕 받으면서 여러 이야기를 나누었다. 전업주부였는데 10년 전에 남편이 갑자기 교통사고로 운명을 달리하셨다고 한다. 자녀들이 대학생이어서 처음에는 너무나 놀라고 당혹스러워서 며칠간 눈물로 밤을 지새웠다고 한다. 엄마는 위대하다는 말이 있다. 본인의 직업도 필요했고 가계도 책임져야 했다. 전업주부가 할 수 있는 일이 어떤 것이 있을까? 3개월 동안 찾았다고 한다. 투자 자본이 남편의 사망보험금 2억 원이기에 더욱 조심스러웠다. 그러다 먼 친척이 고시원을 하고 있다는 것을 알고 무작정 찾아가서 물었다. 고시원을 어떻게 창업 · 운영을 하는지 묻기 위해 매일 찾아갔다. 근무도 대신 해주면서 배웠다.

그렇게 1억 5,000만 원을 투자해서 시흥에 고시원을 첫 창업했다. 지금도 살고 계신 곳이 시흥이다. 1년 동안 고시원에서 돈을 벌고 대출을 추가해서 두 번째 고시원을 오픈했다. 그렇게 해서 5년이 지난 시점에서 4개점을 운영하게 되었다. 5년 동안 수많은 일들을 겪으면서 나름 노하우가 쌓이고, 총무를 효율적으로 관리하는 노하우를 통해서 4개를 운영할 수 있었다. 현재는 망원동 포함 2개를 운영 중이라고 한다.

매매를 통해 차액을 남기고, 8년간 고시원 운영을 통한 수익을 모아서 작은 건물을 매입했다. 2층에는 고시원을 꾸미고 나머지는 월세를 받고 있다. 한마디로 10년 사이에 '꼬마 건물주'가 된 것이다. 10년간 고시원 창업 · 운영을 한 베테랑이었다. 2년 전까지만 해도 4곳을 운영했다고 했다. 지금 생각해 보니 시설권리금이 저렴한 곳을 인수해서 최소 투자로 인테리어를 하고, 입주고객을 채워 매각해 단기 차익을 노리는 분이다.

창업을 해서 사업을 성공시킨다는 것은 대단히 힘들다. 더구나 하나도 아니고 4개를 창업 · 운영한다는 것은 생각하기도 어려운 일이다. 그러나 고시원은 누구나 할 수 있고, 많은 시간이 투입되지 않아 계속적인 노하우를 축적하면 추가적으로 사업 확장이 가능하다. 사장이 직접 고시원에 상주하게 되면 사업 확장이 쉽지 않지만, 전일 총무 고용이나 위탁, 무인 형태로 하면 충분히 가능하다. 물론 투자 금액이 문제가 될 것이다. 고시원 창업은 많은 투자 금액이 필요하지 않다. 처음 창업해 창출된 수익(자기자본)에다 투자 대상 대출(타인자본)을 투자해서 추가적인 사업 확장이 가능하다.

추가적으로 창업이 가능하려면 노하우 축적을 통해서 근무시간을 줄이는 것이 중요하다. 그리고 계속 시스템을 구축해야 한다. 4개를 운영한다고 하면 나름 규모의 경제가 달성되기 때문에 수익률은 상승한다. 가까운 곳에 고시원을 연속으로 오픈하면 고객들은 선택의 폭이 넓어지고 운영자는 관리가 편해진다. 그리고 홍보비도 적게 지출된다. 말 그대로 시너지가 발생하는 것이다. 필자는 '오픈하우스'라는 상표를 만들었다. 동일한 상호로 브랜드 통일화를 시켰다. 상큼한 디자인으로 신뢰도 향상과 함께 고객들에게도 통일성을 제공하고 있다. 광고는 동일한 상호 하나로 통일하여 진행한다. 여기저기에 '오픈하우스'가 생기고 있다.

가장 중요한 사업 확장 조건은 노동 투입시간

집 근처 분당 오리역에 필자가 아주 자주 가는 단골 치킨집이 있다. 먹태가 정말로 맛있는 집이다. 필자는 이렇게 맛있는 먹태를 먹어본 적이 별로 없다. 부부가 운영하는 곳이다. 가게는 거의 문전성시다. 조금만 늦게 가면 자리가 없다. 산악회 사람들과 함께 가려다 자리가 없어 눈물을 머금고 발길을 돌린 적이 두 번이나 있다. 가게에서 아내는 고객응대와 서빙을 하고, 남편은 주방에서 직접 먹태, 치킨 등을 정성껏 만든다. 토요일은 항상 휴무다. 하루는 일요일에 동네 형님과 방문해서 맥주 한잔 하다가 여자 사장님께 질문을 드렸다.

"이렇게 잘 되는데, 한 곳 더 하시면 돈 엄청 벌겠죠?"

그런데 사장님 답변이 필자를 깨닫게 했다. 이렇게 둘이서 정성을 들이고 시간을 투자해야 맛있는 안주도 제공하고 고객들에게 친절하게 대할 수 있다는 것이다. 다른 사람을 고용해서는 이렇게 장사가 잘 될 수가 없다고 했다. 그리고 엄청난 노하우가 있지만 2, 3호점 사업을 확장하는 데는 한계가 있다고 했다. 물론 확장해서 잘 하는 치킨집도 있지만 말이다.

여기서 필자가 말하고자 하는 것은 사업 확장을 하기 위해서는 몇 가지

조건이 필요하다는 점이다. 자본만 있으면 되는 것이 아니다. 그렇다고 기술만 있어서도 되는 것도 아니다. 사람에게는 정해진 하루의 시간이 있기 때문에 노동 투입시간도 중요하다. 고시원 창업을 통해 설명을 해 보자. 초기에 창업을 하는 데 높은 기술 수준을 요구하지 않는다. 점차 시간이 갈수록 노하우는 축적이 되어 운영에 효율성이 증대된다. 자본이 투입되지만 자신이 투자 가능한 범위 내 금액을 투자해서 운영을 잘하면 수익이 누적된다. 누적된 수익과 일정액의 투자 금액 증액을 통해 사업 확장을 할 수 있다. 사업 확장을 하더라도 많은 노동시간 투입이 되지 않는다. 무인화나 위탁 등 선택옵션을 통해 가능하다. 축적된 노하우는 안정적이고 지속적인 사업 영위를 가능케 한다.

사회에서 만난 점포 공유를 하는 산악회 친구 P 여사장이 있다. 점포 공유 분야에서는 자칭 선두주자라고 한다. 필자도 상당 부분 인정한다.

P 여사장은 통화하고 만날 때마다 힘들다고 하소연한다. 가맹점으로 운영하는 점포 개수도 수시로 변한다. 또한 하나부터 열까지 직접 관여해야 하니 보통 머리가 아픈 게 아니다. 수익은 어느 정도 발생하지만 매일 파김치가 되어 있다. 새로운 점포를 오픈하게 되면 밤샘과 주말 반납은 기본이다. 추가로 손발이 맞는 사람, 즉 인력이 필요하다. 모집도 힘들지만 적은 급여와 과도한 업무 때문에 직원들이 수시로 교체된다. 채용하면 또 업무를 가르쳐야 하니 반복된 과정이 피로를 누적시킨다. 직원들에게

노하우가 쌓여야 하는데 금방 이직을 하니, P 여사장 혼자서 감당해야 한다. 산에 가고 싶어도 여건이 안 되어 갈 수가 없다. P 여사장은 3일만 혼자 떠나 쉬고 싶다고 매번 얘기한다. 참으로 안타깝다. 필자가 시스템과 프로세스로 해결해보려고 접근해 봤는데 무용지물이었다. P 여사장은 스트레스를 풀기 위해 매일 일 끝나고 술을 마신다. 스트레스가 풀리기는커녕 배만 나올 뿐이다.

노하우 축적을 통해 사업을 확장하는 것이 쉽지 않다. 처음에 언급한 고시원 여사장은 고시원 운영을 통해 수익을 창출하는 것이 아니다. 저렴한 시설권리금을 가진 고시원을 인수해서 인테리어를 한다. 그동안의 노하우를 이용해 고객들을 입주시켜 단기간에 차액을 받고 매각하는 새로운 사업 아이템으로 넘어간 것이다. 적으면 3,000만 원, 보통 5,000만 원, 크게는 6개월에 1억 원의 차액을 남기기도 한다. 계속적인 노하우가 쌓이다 보니 단순한 고시원의 점포 확장 단계를 넘어선 것이다. 새로운 고시원 사업 분야를 찾은 것이다. 위험도 크지 않다. 매각되면 좋고 매각되기 전까지는 운영을 통한 수익 창출도 가능하다.

최근 소개받은 고시원 구조변경 전문가 K 사장은 고시원을 운영하다 현 사업방식을 찾은 분이다. 처음 2개의 고시원을 운영했다. 두 번째가 오래된 시설이라 과거 건축경력을 이용해 고쳤는데, 주위에 평가도 좋고 본인도 만족스러워 운영하면서 구조변경을 배웠다. K 사장의 강점은 하나씩 새로운 것을 시도하는 것이다. 장기적으로 K 사장과 서로 많은 도움을 주고받는 좋은 사업 파트너가 될 것이다.

처음에는 한곳의 고시원 창업으로 시작하지만, 노하우가 축적되면 다양한 기회를 가질 수 있다. 노하우를 이용해 계속 점포를 늘려 많은 수익을 얻을 수 있다. 앞서 M 여사장처럼 적은 투자 금액으로 시작해 직접 인테리어를 하는 방법으로 단기 차액을 남기는 방법도 있다. 마지막에 언급한 K 사장처럼 노후화된 고시원을 구조를 개선해서 매각 차액을 얻을 수도 있다.

고시원의 특성은 누구나 쉽게 시작할 수 있고, 계속 운영하면 노하우가 축적된다는 것이다. 노하우가 쌓이면 노동 투입시간을 줄일 수 있다. 추가로 자신이 잘할 수 있는 분야, 예를 들면 인테리어나 구조변경을 통한 새로운 사업기회 전환도 가능하다. 고시원 창업의 또 다른 매력이다.

7

성공적인 운영 후 권리금 받고 매각할 수 있다

운영 능력에 따라 권리금 받고 매각할 수 있다

고시원을 창업하거나 인수해서 운영하다가 여러 이유로 매각을 하게 된다. 이 시점에서 중요한 것은 인수, 운영 후 추가 권리금을 받고 매각하느냐, 인수 때 지급한 시설권리금을 손해 보고 매각하느냐이다.

고시원에서 시설권리금이란 어떤 의미일까? 첫째는 고시원의 현재 시설물, 즉 보일러, 에어컨, 스프링클러, 인덕션, 김치냉장고, 컴퓨터, 샤워장, 화장실, 홈페이지, CCTV 등에 대한 가격이다. 둘째는 현재 입주자 숫자를 금액으로 환산한 수치의 합이다. 셋째는 고시원 건물이 신축된 후

경과한 기간에 따른 노후·관리 상태이다. 마지막으로 고시원의 입지조건이다. 이 네 가지를 고려한 매도자와 매수자, 중개인 사이에 제시 금액을 협상하여 결정한다.

첫 번째 사례는 필자가 아는 중개사가 말해준 너무나 평범한 S 아주머니의 이야기이다. 8년 전에 한 중년의 아주머니가 사무실로 방문했다고 한다. 표정이 힘들고 지쳐 보였는데, 차를 마시면서 대화를 나눴다. 한 달 전, 남편이 공사 현장에서 허리를 다쳐 일을 할 수 없게 되었다고 했다. 소득이 중단된 것이다. 고3 딸은 대학진학을 위해 공부를 해야 해서 아주머니가 돈을 벌어야 하는 너무나 절박한 상황이라 수소문해서 찾아왔단다.

투자 가능한 총 금액은 5,000만 원이었다. 중개사는 기가 막혔다. 아무리 저렴한 고시원도 그 금액으로는 쉽지 않다. 그래도 며칠간 매물을 찾은 끝에 은평구 수색역, 걸어서 10분 이상 걸리는 오래된 고시원을 방문하게 됐다. 고시원 입구부터 내부시설까지, 중개사 하면서 처음 보는 낙후된 시설이었단다. 입주비율도 50%가 안 됐다. '그러니까 5,000만 원에 나왔지.' 하는 생각이 절로 들었다고 한다. 그래도 두 말 없이 계약을 할 수밖에 없었다. 가진 돈이 없었으니까 말이다. 아주머니는 최대한 빠르게 잔금을 치르고 인수를 했다. 아주머니 처지가 너무 어려워 중개수수료도 얼마 안 받고 거의 공짜로 중개했다고 한다.

S 아주머니에겐 강점이 2개 있었는데, 첫째는 부지런함이었다. 아주머니는 그 최악의 고시원을 거금 500만 원을 투자해 수리했다. 전등도 손수 교체하고 매일 고시원 내부를 깨끗이 닦고 청소를 하였다. 2개월 동안 청소를 하니 기본적인 고시원 몰골이 나왔다.

아주머니의 두 번째 강점은 요리를 잘한다는 것이었다. 아주머니는 직접 시장을 봐서 월 20만 원 받는 고객들에게 아침, 점심, 저녁 식사를 제공했다. 처음에 많은 분들이 이해를 못했다. '남는 게 있을까?'

이러한 상황이 되자 딸은 어쩔 수 없이 대학을 포기하고 엄마를 돕기로 했다. 블로그를 배워서 매일 3개씩 포스팅했다. 제공되는 식사도 찍어서 매일 올렸다. 3개월이 지나자 효과가 나타나기 시작했다. 입주한 분들 덕에 입소문이 퍼졌다. 최악의 입지조건이지만 식사를 제공하고 응대가 친절하니 입주 희망자들이 모여들었다.

블로그 효과도 대단했다. 그 전에는 연령층이 높고 상대하기 어려운 입주자분들이 대부분이었다. 그런데 블로그를 보고 젊은이들이 모여들었다. 인수 후 4개월이 지나가는 시점에서 만실이 되었다. 그 다음부터는 탄탄대로였다.

인수할 때는 15개실, 인당 20만 원, 총 300만 원 매출이었다. 그런데 만실이 되자 40개실, 인당 25만 원, 총 1,000만 원 매출액으로 3배 이상 매출 신장을 이루었다.

수익 측면에서 보면 인수 전 매출 300만 원 중 비용으로 월 임대료 220만 원(부가세 포함), 고정비 50만 원, 변동비 30만 원으로 거의 이익이 발생하지 않았다. 그런데 인수 후에는 매출 1,000만 원 중 비용으로 월 임대료 220만 원(부가세 포함), 변동비 130만 원, 월 수익 650만 원으로 급증하였다.

아주머니는 꾸준히 잘 운영하다가 다른 원룸형 고시원을 매수하고, 2년 후에 고시원을 1억 5,000만 원에 매각했다. 순수 매매 차익 1억 원이 발생했다. 1년 후에는 가정 형편이 좋아져 딸도 대학에 진학하였다. 딸은 블로그 등과 관련 있는 영상 쪽으로 전공을 택했다. 남편도 건강을 되찾아 다시 일을 시작했다. 5,000만 원을 투자한 고시원이 한 가정을 다시 일어서게 한 희망의 터전으로 변했다. 한 가족에게 희망과 꿈을 실현시켜 준 것이다.

사람의 현재 자산상태가 미래의 부를 결정하지는 않는다. 물론 많은 자산이 부를 축적하는 데 도움이 될 수는 있다. 그렇지만 절대적인 요소는 아니다. 무엇보다 부자가 되고자 하는 강한 욕구가 필요하다. 또한 자신이 처한 환경에서 좋은 결과를 얻기 위해 얼마나 고민하고, 연구하고, 노력하느냐가 절대적이다.

평범하던 전업주부 아주머니가 20억 원 부자가 되었다. 가족 생계를 해결해야 하는 절실함이 있었기 때문이다. 그리고 좌절하지 않고 잠을 줄이면서 가족을 위해서 힘든 하루하루를 견디었고, 최선을 다했다. 자신이 잘할 수 있는 강점을 적용시켰다. 고객을 진정한 가족처럼 대하는 따뜻한 마음이 전달되었다. 딸은 밤낮없이 블로그 포스팅으로 엄마를 도왔다. 남들이 미쳤다고 할 정도 열심히 해서 고객들에게 감동을 전한 것이다.

현재 당신이 가진 것이 미래를 결정하지 않는다

두 번째 고시원은 2호선 이대역에서 2분 거리에 있다. 건물 위치가 참 좋았다, 그런데 출입구부터 어두운 느낌이었다. 고시원 시설을 둘러보는데 입구부터 냄새가 났다. 통로에도 빨래들이 널려 있었다. 공동 주방도 지저분했다. 처음에는 '남자 운영자라서 그런가?' 생각했다. 알고 보니 운영자는 40대 초중반 남성이었다. 아버지가 파주에 건물을 신축할 예정이었는데, 그 건물에 고시원을 지어줄 목적으로 고시원 운영을 배우라고 2억 원을 투자한 것이었다. 그렇게 3년 정도 운영을 했다고 했다. 매매가는 임대보증금 4,000만 원, 시설권리금 1억 2,000만 원, 월 임대료 380만 원(부가세 포함), 방 개수 21개였다. 주 고객층은 장기 투숙자인 일본인 유학생이고, 공실은 4개 정도였다.

이대 고시원은 운영자가 고시원에 집중했으면 높은 수익 창출이 가능했다. 위치도 좋고 장기 단골 고객도 있는 좋은 여건이었다. 그런데 운영자가 게으르고, 청소도 청결하게 되지 않고, 관리도 하지 않아서 수익 구조가 나빠졌다. 그 고시원은 지금까지도 매매가 이루어지지 않고 있다. 아마 적자나 소액의 수익을 내고 있을 것이라고 예상한다.

세 번째는 노량진 원룸형 고시원의 사례이다. 연세가 많은 할머니가 운영하시는 곳이었다. 방은 총 22개였다. 입주은 18개 방, 임대보증금 5,000만 원, 시설권리금 9,000만 원, 합계 1억 4,000만 원으로 급매물이 나왔다. 그때는 회사 내부적으로 업무시스템 정비가 필요할 때였다. 그래서 2~3일만 검토할 시간을 달라고 했다. 그런데 다음날 중개사가 그 고시원이 벌써 계약되었다고 했다. 좀 더 알아봤더니 할머니가 2억 원을 투자했는데 건강상태가 너무 악화되어 급매물로 나온 것이었다고 했다. 조금 안타까운 사례이다. 가족이 있었으면 나름 잘 유지하면서 손실을 줄이면서 매각할 수 있었는데 말이다. 2억 원을 투자, 인수해서 1억 4,000만 원에 매매하였다. 6,000만 원이 손해인 셈이다. 인수자 입장에서는 좋은 조건으로 싸게 매수한 것이다. 그런데 잔금 지급 시에 문제가 발생했다. 잔금 지급 전에 공실이 4개에서 8개로 증가한 것이다. 인수자는 공실 8개를 채우는 과제를 안게 되었다. 운영을 해본 사람이라면 공실을 금방 줄이겠지만, 처음 창업한 분들은 다소 고전할 것이다. 고시원을 인수할 때 물론 가격이 중요하다. 그러나 그보다 더 중요한 것은 잘 운영하는 것이다.

책이나 드라마, 언론을 통해서 성공 이야기를 자주 접한다. 전형적인 스토리는 가난한 환경에서 태어나서 역경을 극복했다는 것이다. 물론 100% 실제는 아닐 것이다. 100% 실제로 쓰면 시청자나 독자들이 흥미를 덜 갖는다. '금수저'는 주어진 좋은 환경을 이용하지 못하고 어느 시점에 망가진다는 스토리도 함께 들어간다. 물론 모두가 그런 것은 아니다.

명심하라. 현재의 자산상태나 환경이 미래의 자산상태나 환경에 절대적인 영향을 미치지 않는다. 어려운 현실 속에서 자신이 원하는 선명한 목표나 꿈을 가지고 있는지가 중요하다. 꿈을 향해 가다 보면 넘어지기도 하고 다치기도 한다. 그러나 꿈을 위해 포기하지 않으면 꿈은 이루어진다. 반면에 현재 좋은 환경과 여건에도 꿈을 갖지 않고 노력하지 않으면 좋지 못한 결과를 초래한다.

5,000만 원으로 최악의 고시원을 인수했던 S 아주머니는 너무나 척박한 환경을 가지고 시작했다. 그러나 절실함을 가지고 정말 최선을 다하다 보니 고시원을 매개로 가족 구성원 전체의 꿈을 이루었다. 최근에 그 아주머니의 근황을 확인해 보았다. 일정 대출금을 안고 20억 원대의 '꼬마 건물주'가 되었단다.

8

건물 없이 '월세 부자'에 도전하는 사람들

우리는 "조물주 아래 건물주"라는 말을 하고 있다. 왜 그럴까? 진지하게 생각해 본 적이 있다. 첫 번째는 부동산 가격이 계속 상승하니 보유만 하고 있어도 자산이 증가하는 것이다. 두 번째는 건물주는 특별히 노동을 제공하지 않아도 매달 일정한 날에 일정액의 월세를 받기 때문이다. 수많은 사람들이 건물주들을 부러워하는 이유이다. 그렇지만 반대의 경우도 생각할 수 있다. 부동산 가격이 언제까지 상승할 것인가? 임차인을 구하지 못해서 월세 수익이 감소하는 상황도 존재한다. 보통사람들은 어떻게 건물 없이 '월세 부자'가 될 수 있을까? 필자가 수많은 시간과 돈을 투자해 얻은 해답은 고시원 창업이다. 고시원 창업으로 건물 없이 월세 부자가 될 수 있다. 월세 부자에 도전하는 사람들 사례를 소개하고 건물주와

한 번 비교해 보겠다.

원룸보다 훨씬 좋은 것이 고시원 창업이네요

50대 중반 의뢰인이 컨설팅을 받으러 왔다. 처제가 2개의 전통형 고시원을 운영하고 있어 평소에 고시원에 관심이 많았다, 책을 구입, 알기 쉽고 재미있고 유익해서 3번이나 정독을 했다고 한다. 책을 보니 별표, 줄긋기 등 대학입시 공부한 것처럼 엄청 열심히 준비를 해왔다. 이분은 평소 때에도 부동산에 관심이 많아 상가, 오피스텔, 원룸 등에 대해 넓고 깊은 지식을 가지고 있었다. 많은 실패와 성공을 경험하면서 원룸 수익성이 다른 부동산보다 좋은 것으로 결론 내린 상태에서 고시원 책을 접하고 2일 동안 세 번을 읽고 컨설팅을 신청했다. 워낙 열심히 준비해서 쉽게 진행되었고, 일주일 만에 올 원룸형 36개의 좋은 시설을 갖춘 멋진 고시원을 계약했다. 7월에 원장이 될 예정이다. 1개로 시작하지만 자금이 준비되는 대로 계속적으로 추가적인 고시원을 창업해서 월 2,000만 원의 월세 부자가 되는 것이 이분의 목표이다. 자산이 축적되면 필자와 함께 청소년 드림센터 설립에 동참하기로 했다. 여러 가지 능력을 보유 중인 분으로 많은 도움이 될 것이다. 고시원이 이분에게 경제적인 부와 일터를 제공하는 것은 물론이고, 그동안 잊고 살아온 소중한 꿈을 다시금 되살리는 계기가 되었다고 말씀하시니 가슴이 뭉클했다.

'백수'를 꿈꾸는 모녀의 고시원 창업

구수한 부산 사투리를 구사하는 50을 앞둔 사장님은 지방에서 전화로 상담 후 모녀가 컨설팅을 신청하고 방문했다. 나름 현재 사업으로 성공하고 있는데, 노동시간도 많고 아르바이트생 관리 등 스트레스가 많아서 고민하다 고시원을 알게 되어 신청했다. 어머니는 자녀가 공부보다는 어릴 때부터 경제적인 자유 찾기를 원했고 딸도 자신 있게 "백수가 꿈"이라고 말했다. 처음 고시원 창업으로 투자 대상의 소득과 노하우를 터득해서 추가로 고시원 사업 확장을 통해 빠른 시일 내에 1억 원의 연봉을 만드는 것이라고 했다. 20대 초반인데 가치관과 생각이 반듯해 너무나 보기가 좋았다. 백수를 위한 경제적인 기반을 만들기 위해 조만간 고시원 창업을 통해 힘차게 출발을 할 것이다. 어머니는 딸이 서울에서 자리 잡기를 원해 여러 개의 고시원 창업을 희망하고 있다. 아마도 몇 년 안에 몇 개의 고시원을 운영하는 원장이 될 것이다. 현재까지 오픈하우스에서 가장 젊은 나이의 원장을 희망하고 있다. 고시원 창업이 모녀의 꿈인 백수를 만들어 줄 것이다.

내 집 마련은 어렵고, 월세 부자는 쉽다

모든 사람들의 경제적인 목표가 내 집 마련이다. 강남에서 집을 마련한다는 것은 보통사람들은 평생 동안 저금을 하더라도 거의 불가능하다. 다른 지역도 최근에 워낙 가격이 급상승해서 수도권에서 10억 원을 호가하는 지역도 나타나는 것이 현실이다. 분양이나 구입을 6억 원에 했다고 가정하면, 이자를 감안하지 않더라도 1년에 6천만 원씩 상환하면 10년의 기간이 걸리고, 3천만 원씩 상환하면 20년의 기간이 소요된다. 한 마디로 부채를 상환하는 데 인생의 대부분을 소비한다.

그런데 2억 원으로 고시원을 창업했다고 가정해 보자. 1억 원을 부채로 조달해서 4% 이자를 지불한다고 할 경우 연 400만 원, 월 30만 원대 이자를 지불한다. 수익은 20%로 감안할 때 이자를 차감하고도 월 300만 원대 추가 소득이 발생하는 것이다. 매달 즐거운 추가 수익이 생기는 것이다. 사람마다 집 마련과 고시원 창업에 대한 생각이 다르지만, 필자는 후자를 선호한다. 많은 분들이 고시원 창업을 몰라서 그렇지 알고 나면 후자를 선호할 것이다.

30대 중반의 결혼한 지 2년 된 젊은 부부가 컨설팅을 받으면서 했던 이야기를 재구성한 것이다. 부부가 지방에서 올라왔는데 가지고 있는 자금으로 집 구입은 절대 쉽지 않다. 경제적인 자유를 얻고 싶어서 경매 등 여러 가지를 고민하다 고시원 책과 유튜브를 통해 확신을 갖고 찾아 온 부부다. 내 집 마련은 어렵지만 고시원 창업을 통해서 경제적인 자유를 빨리 달성하고 월세 부자가 될 수 있다. 7월에 원장이 될 예정이다.

전세보증금 빼서 고시원 창업할래요

부천에서 온 40대 초반 미혼 남성의 사례다. 나름 안정된 직장을 가지고 있고, 기술직에 장기 근속중인 회사원이다. 근무형태가 2교대에다 12시간을 서서 근무하는 지라 확실한 소득원을 만들면 퇴사하고자 창업을 준비 중이다. 근무 후 피곤한 여건인데도 1시간 이상 꾸준히 새로운 소득원 창출을 공부하던 중 유튜브 알고리즘에서 고시원 창업을 발견하고 미친 듯이 책과 영상을 보고 바로 컨설팅을 신청했다. 영화배우처럼 잘 생긴 외모였는데, 내면은 훨씬 더 깊이가 있었다. 지방에서 상경해 나름 열심히 저축했지만 한계를 발견했고, 전세기간 만기가 도래해 전세보증금으로 고시원 창업을 의뢰했다. 본인은 고시원에서 거주하면 된다고 했다. 조만간에 물건을 찾게 될 것이고, '황금매물'을 꼭 찾아 줄 것이다. 위탁경영을 일정기간 맡기다가 직접 운영을 할 예정이다. 전세보증금을 투자해서 월 200~300만 원의 또 다른 소득원을 만드는, 참으로 좋은 생각이다. 누구나 의지를 갖고 방법을 모색하면 실행 가능한 월세 부자의 출발점이다.

저의 꿈인 '교육사업 자금 마련'은 고시원 창업으로 준비

따뜻하고 화목하게 보이는 40대 부부의 이야기다. 남편이 1년여 전부터 고시원 창업이 안정성, 적은 투자 금액, 노동시간, 수익성 등에서 다른 어떠한 부동산보다 월등히 좋다는 사실을 알고 고시원에 관한 자료들을 여기저기서 수집 중이었다. 필자도 그랬지만 고시원 창업에 관한 자료는 구할 수가 없었다. 아내에게 고시원 창업 강점을 전달하고자 해도 방법이 없었는데 책 출판을 통해 자신의 궁금함을 해결했다. 그리고 아내에게 책을 전해주고, 유튜브 채널을 소개했다. 아내가 금방 이해를 하고 먼저 컨설팅을 요청하라고 했다. 엄청난 양의 질문 내용들을 가지고 컨설팅을 받았다. 나가면서 활짝 웃는 모습으로 성공적인 컨설팅임을 느낄 수 있었다. 아내의 '행복한 부자', 남편의 '아동들을 위한 교육사업'이 고시원 창업을 통해 이루어질 수 있음을 직감한다. 여러 부동산이 정리되는 7월 이후 본격적인 고시원 물건을 보기 시작할 것이다. 아내가 먼저 고시원을 시작하고, 점차적으로 고시원 운영 개수를 늘려 경제적인 안정을 찾으면 남편이 조기 퇴직하고 고시원 운영을 도우면서 남편의 꿈을 펼칠 수 있을 것이다.

필자는 고시원 창업에 관한 자료들이 너무 없어서 답답함으로 책을 집필하게 되었다. 그런데 뜻하지 않게 고시원을 통해 가정에 경제적인 부를 제공하고, 컨설팅 신청자들이 꿈을 갖고 실천할 수 있는 도구를 제공하게 되었다. 더 나아가 자녀들에게 공부도 좋지만 미리 경제적인 자유를 가질 수 있는 현장을 보여주는 역할도 하고 있다. 일반인들은 큰돈이 없고, 물려받을 재산도 없어서 건물주가 되는 것은 현실적으로 어렵다. 그러나 고시원 창업을 통해 꼬박꼬박 월세를 받는 건물주 흉내는 낼 수 있다.

개포점 건물주는 자산이 많지만 월세는 300만 원대를 매달 꼬박꼬박 받는다. 원장님은 1억 원대 금액을 투자했지만 매달 건물주와 비슷한 월 수익금을 받는다. 물론, 노동이라는 대가를 지불하지만 매달 최소 300만 원 이상 소득을 창출하는 것도 건물 없이 월세 부자가 되어 가는 과정이라 할 수 있다. 건물주는 부동산 가격이 상승할 수 있다. 원장님도 저렴하게 권리금을 지불했기에 투자한 권리금을 회수하고 운영을 잘 하면 매각 시 추가적인 권리금을 받을 수 있다. 많은 분들이 도전해서 고시원 창업을 통해 건물주는 못 되더라도 매달 월세를 받는 부자가 되기를 간절히 희망한다.

고시원 창업 비법 – "다 함께 부자 됩시다!"

① 건물 없이도 월세 부자가 될 수 있다

사람들이 건물을 가지고 싶은 것은 매달 꼬박꼬박 나오는 월세 소득을 얻고자 하는 것이다. 현실적으로 일반 서민이 건물을 소유하는 것은 무척이나 어렵다. 그러나 건물 없이 매달 월세를 받는 것이 고시원 창업이다.

고시원 창업의 강점은,

– 창업에 높은 기술력을 요구하지 않고 창업 준비기간이 짧다.
– 비교적 적은 투자 금액으로 창업할 수 있다.
– 투입되는 노동시간이 적고 누구나 쉽게 운영을 할 수 있다.
– 안정적이고 지속적인 월 수익을 얻을 수 있다.
– 계속적인 노하우 습득을 통해 사업 확장이 가능하다.
– 고시원을 잘 운영해서 추가로 권리금을 받고 매각할 수 있다.

고시원 창업으로 월 소득원을 만들면 비록 건물을 소유하지 못하더라도 비슷한 효과를 기대할 수 있다.

다함께 한 번 도전해 보자.

2장

고시원 창업 전,
알아야 할 사항들

부자는 태어나는 것이 아니고 만들어지는 것이다.
모든 것은 마음먹기에 달렸다.
부자가 되겠다는 간절하고 명확한 꿈을 갖고 치밀한 계획을 세워
꾸준히 실천하다 보면 부자로 만들어지는 것이다.

부자 지식을 배우는 사람들은 많다.
배운 지식을 발전시키고 실천하는 사람은 적다.
부자가 적은 이유는 배움을 실천하는 사람이 적기 때문이다.

by 황재달

1

원룸과 고시원의 차이, 입주자들은 누구?

주거공간의 다양화, 원룸과 고시원의 차이

최근에는 주거공간이 다양해지고 있다. 이전에는 주택, 아파트, 빌라, 고시원 등이었다. 그러나 지금은 주상복합, 타운하우스, 셰어하우스, 게스트하우스, 도시형 생활주택, 오피스텔도 추가되었다.

원룸을 사전에서 찾아보면, '대한민국에서 방 하나로 생활에 필요한 최소한의 설비를 갖춘 방식의 집'이라 정의한다. 건축법 시행령에 따르면 '세대별 독립된 주거가 가능하도록 욕실, 부엌을 설치한 곳'이다.

고시원을 사전에서 검색해보면 '사법시험이나 공무원 임용시험 따위를 준비하는 사람들이 숙식하며, 공부하는 시설'이라고 나온다. 다중 이용업

소의 안전관리에 관한 특별법 시행령에 따른 고시원의 정의는 '구획된 실 안에 학습자가 공부할 수 있는 시설을 갖추고 숙박 또는 숙식을 제공하는 영업'이라 적혀있다.

최근에는 흔히 고시원, 고시텔, 원룸텔, 레지던스, 하우스 등으로 불리고 있는 이름들도 법적인 용어는 '고시원'이다. 현재 고시원의 법적 지위를 갖게 된 것은 2009년 7월 16일 건축법 개정 '고시원' 합법화이다. 그리고 2010년 '준 주택'으로 인정됨으로써 샤워시설, 화장실 설치 가능으로 변경되어 원룸처럼 고급화가 가능해졌다. 여기서 말하는 '준 주택'은 기숙사, 오피스텔, 고시원, 노인복지주택(실버주택) 등이다.

어떤 사람들은 원룸이 좋다 하고, 어떤 사람들은 고시원이 편하다고 한다. 그러면 원룸, 고시원은 어떤 차이가 있는지 한 번 분석해 보자.

구분	원룸	고시원	비고
화장실, 샤워시설	설치 가능	설치 가능	
크기	3평 이상	3평 이하	
독립성	보장	어려움	
개별 취사	가능	불가	
공과금	별도	포함	
식사, 반찬	미 제공	제공	
보증금	있음	없음	

첫째, 시설물 기준으로 원룸은 방 안에 화장실, 싱크대를 비롯해 기본적인 시설이 설치되어 있다. 고시원은 방 안에 아무것도 없는 곳부터 침대, 책상, TV, 냉장고, 옷장, 인터넷 선 등이 있는 곳까지 다양하다. 공용 세탁실에는 세탁기와 건조기, 공용 주방에는 싱크대, 냉장고, 전자레인지, 가스레인지, 식탁 등이 있으며, 밥, 반찬, 라면 등이 제공된다.

둘째, 관리자와 독립된 생활이 가능한가 하는 측면을 보자. 원룸은 관리자가 없으니 독립된 생활이 가능하다. 그러나 고시원은 보통 관리자가 있다. 어느 정도 독립된 생활은 가능하나, 입주자 외 출입 불가다.

셋째, 원룸은 개별 취사가 가능하고, 고시원은 개별 취사가 불가능하다.

넷째, 계약할 때 보증금 여부이다. 원룸은 보증금이 존재하고, 고시원은 없다. 원룸은 보통 6개월 이상 계약기간을 요구하지만, 고시원은 1개월도 가능하다.

다섯째, 원룸은 면적이 최하 3평 이상이고, 100% 창문이 있다. 고시원은 보통 3평 미만이고, 창문이 없는 경우도 있다.

여섯째, 식사의 경우 원룸은 본인이 부담해야 한다. 고시원은 월세에 식사비가 포함되어 있다. 보통은 밥, 김치, 라면에 3가지 반찬을 제공한다.

일곱 번째, 전체적인 비용을 계산해 보자. 원룸은 월세에 식대, 냉 · 난방비, 전기요금 등 별도비용이 추가 지출되므로 꽤 많은 비용이 지출된다. 고시원의 경우는 월세에 식대, 냉 · 난방비, 전기료 등이 포함되어 있어 월세만 지불하면 된다.

대학교 다닐 때 친구들과 술 마시고 고시원에서 잔 적이 있다. 그때 기억을 떠올려보면 그 방에는 책상 하나만 있었다. 그 당시엔 침대도 없어 바닥에서 잤다. 밥이나 김치, 라면 등 식사는 제공되지 않았다. 가장 불편했던 기억이 술 마시고 화장실을 가고 싶은데, 공용 화장실이 밖에 있었던 것이었다. 지방에서 올라와서 형편이 좋은 친구들은 하숙집에 살았고, 그만큼은 아니어도 나름 형편이 괜찮은 친구들이 고시원에 사는 친구들이었다. 필자는 스스로 아르바이트를 해서 생활하는 처지라 친구 두 명과 함께 학교 후문 뒤에서 저렴한 월세를 지불하고 자취를 했었다.

원룸과 고시원 입주하는 사람은 누구?

그러면 어떤 사람들이 원룸과 고시원에 사는가? 원룸은 보증금이 필요하므로 직장인이 대부분이다. 연애를 하면서 동거하는 연인들이 거주하기도 한다. 신혼부부의 경우 모아둔 돈이 없거나 지출을 절약해 빨리 목돈을 마련하기 위해서 거주하기도 한다.

지역에 따라서도 확연히 차이가 난다. 노량진은 공무원, 경찰, 소방관 시험을 준비하는 수험생이 월등히 많고 일반 직장인은 20% 내외다. 신림역 부근에서는 사법 관련 행정고시, 외무고시 관련 수험생 비중이 높다. 강남권은 직장인들이 많고, 한티역 부근 학원가는 지방 수험생들이 다수이다. 반면 홍대는 어느 지역보다 외국인들의 거주 비율이 높다. 창업을 위해 방문했던 이대역 근처 고시원은 일본 유학생 장기투숙이 제일 많았었다.

1장에서 언급한 개포점 원장님과 매물을 보기 위해서 연초 석촌역 근처에 있는 고시원을 방문했다. 이곳은 잠실역 롯데월드, 롯데백화점 등에서 근무하는 지방 독신자들의 거주가 많았다.

아주 오랜만에 만난 고교 선배 부부의 옛날 고시원 생활 이야기를 해보고자 한다. 형수님은 시청 공무원인데 시험공부를 위해 노량진역 근처에서 6개월 정도 고시원 생활을 했다고 한다. 그때는 최대한 공부시간 확보를 위해 시간을 절약하고, 잠만 자는 안전한 공간이 필요했다. 여관에 갈 수도 없었고, 보증금이 필요하고 일정기간 입주 계약을 해야 하는 원룸은 번거로워서 갈 수가 없었다. 고시원이 제격이었다고 한다. 고시원 입주자의 한 부류인 것이다.

고교 선배도 경찰 고위직 승진공부를 위해 집 근처에서 공부하다가 마지막 한 달은 고도의 집중을 위해 남부터미널 근처 고시원에서 살았다고 했다. 그 선배도 다른 것은 필요 없고 오직 집중할 수 있는 공간이 필요했다. 식사를 하러갈 시간도 아까웠는데 고시원에서 세 끼를 해결할 수 있어 좋았다고 했다. 단기 입주 가능, 공부시간 확보, 식사 해결까지! 이보다 더 좋은 곳이 있을까? 두 분에게 고시원은 자신들의 꿈을 이룬 너무나 행복했던 추억의 공간이라고 한다. 고시원이 두 분의 희망의 증거가 된 것이다.

다양화 되고 있는 주거형태 중에서 원룸과 고시원의 차이점들에 대해서 알아봤다. 그리고 어떤 사람들이 원룸과 고시원에 입주하는지도 설명했다. 어떤 분은 고시원이 원룸이나 셰어하우스와의 경쟁으로 운영에 어려움을 겪을 것이라 말한다. 일정 부분은 맞는 말이다. 그러나 대부분은 틀린 말이다.

원룸과 고시원에 입주하는 사람들은 서로 다른 부류의 고객이다. 고시원은 가격이나 식사 제공 등 여러 면에서 충분히 경쟁력이 있기 때문에 걱정할 필요 없다.

셰어하우스도 언급하고는 하는데, 전혀 다른 시장이다. 필자도 셰어하우스 오픈을 위해서 분석해본 적이 있다. 개인적으로는 보류였다. 강점도 있고, 약점도 많지만 한마디로 신경 쓸 부문이 너무 많아서다. 그 시간에 고시원을 브랜딩하고 더 잘 운영할 수 있는 노하우를 축적하는 것이 더 생산적이다. 한마디로 고시원은 고시원만의 충분한 매력과 경쟁력을 가지고 있다.

2

고시원 종류와 좋은 고시원 고르는 방법

고시원의 종류와 가격도 다양하다

과거에 영등포역 건너편에 가면 드라마나 책에 나오는, 음침하고 어둡고 칙칙하고 온수도 나오지 않는 열악한 환경의 고시원들이 많았다. 40명 넘는 사람이 거주하는데 딸랑 화장실이 2개 정도였다. 서울역, 청량리역 등 많은 곳에 이런 고시원이 있었다. 합판과 인화성 높은 자재들로 구성되어 있어 화재라도 발생하면 대형 화재로 번져 참사가 발생했다.

많은 사람들의 기억 속에 있는 고시원의 이미지다. 필자도 처음에는 같은 생각이었다. 하지만 지금은 180도 생각이 바뀌었다.

고시원의 종류는 일반적으로 4가지로 분류할 수 있다.

첫째는 일반적인 '전통적인 고시원'이다. 공동 화장실, 공동 샤워시설을 사용한다. 지역, 크기, 성수기와 비수기에 따라 다를 수 있지만, 20~30만 원 사이에 가격이 결정된다. 2019년 서울시의 발표 자료에 따르면, 전국에 11,892개 고시원이 있다. 서울시에 전체 숫자의 50%에 가까운 5,840개가 있다. 전통적인 고시원은 2009년 7월 '다중이용시설의 안전관리에 관한 특별법' 개정 이전, 1,170개에 해당된다. 많은 분들이 경제적으로 어려운 시절 거주하였던 형태의 고시원이다.

둘째는 '미니룸'과 '샤워룸' 형이다. 방 안에 화장실 없이 방만 있는 것이 미니룸이고, 샤워시설이 있는 것이 샤워룸이다. 30~40만 원에 가격이 결정된다. '미니 · 샤워룸' 형은 아직도 많이 유지되고 있는 형태이다.

셋째는 '원룸형 고시원'이다. 방 안에 화장실, 샤워시설 등이 모두 있다. 40~65만 원까지 가격 차이가 크다. 고급형 · 호텔형 고시원 탄생으로 가격 차이가 심화되고 있다. 고시원이 진화하는 것을 목격할 수 있는 고시원이 호텔형이다. 실제로 크기나 시설 면에서 원룸에 뒤처지지 않는다. 강남, 홍대 등에서 새로이 신축되고 있는 형태로 65만 원을 초과하는 곳도 있다. 원룸은 보증금 등 추가적인 비용이 발생하지만 고시원은 추가 비용이 발생하지 않으므로 강점이 있다. 한 번 더 언급하면 고시원, 고시텔, 하우스, 레지던스, 원룸텔, 리빙텔, ㅇㅇ빌 등도 법적 용어로는 고시원이다.

넷째는 혼합형 고시원이다. 두 번째 '미니 · 샤워룸' 형과 세 번째 '원룸형 고시원'의 혼합형태이다. 현재도 상당수 고시원이 혼합형이다. 보통 30만 원 초반부터 40만 원 중반에 가격이 형성된다.

개포점은 올 원룸형 고시원이다. 건물 면적이 넓어서 두 개 층에 32개의 방이 있다. 공동 주방, 총무실 등이 같이 배치되어 있다. 남성과 여성용 구별 사용 가능한 용량이 큰 세탁기가 설치되어 있다. 당연히 방 안에 화장실, 샤워시설, 책상, 서랍장 등이 포함되어 있다. 초고속 인터넷 TV 설치로 최신 영화나 방송 등을 시청할 수 있다. 라면은 제공하지 않고 있다. 잡채, 오리고기, 계란말이, 순대볶음, 떡볶이 등 그때그때마다 다양한 특별 음식을 제공하고 있다. 입주자분들의 인기 폭발 중이다. 큰방은 45만 원 전후로 방 가격이 책정되어 있고, 작은 방은 30만 원 중반부터 가격이 책정되어 있다.

외대점은 2, 3, 4층으로 38개 올 원룸형으로 구성되어 있다. 신축한 지 7년인데 관리가 잘 되었다. 방 크기가 다른 고시원보다 넓고 시설이 아주 좋다. 건물주가 고시원을 지어서 매각한 것으로, 모든 방들이 외창형으로 구성되어 있다. 남녀 따로 공동 주방이 설치되어 있고, 장기 입주고객들이 많은 편이다. 5층에 넓은 옥상이 있어 빨래를 널기에 제격이다. 5층에서 작은 텃밭을 이용해서 채소를 재배하고 있다. 매 끼니 때마다 싱싱한 채소를 제공해서 입주자들이 자유롭게 채소를 섭취할 수 있도록 차별화를 제공하고 있다. 소방안전시설이 너무 잘 완비가 되어 있어 소방서에서 점검을 나오면 칭찬을 듣고 있다. 인수 후 출입구에 K사의 출입통제 시스템을 설치할 예정이다. 다소 낙후된 층별 주방을 서서히 개조해서 편의를 제공해 줄 예정이다. 방이 크고 뷰가 좋은 곳은 45만 원 이상 가격이 책정되고, 작고 뷰가 조금 떨어지거나 장기간 입주자는 30만 원 초반부터 방을 제공하기도 한다.

좋은 고시원을 선택하는 8가지 방법

좋은 고시원을 선택하는 노하우 8가지를 소개한다.

첫째, 얼마의 가격으로 고시원을 구할 것인가? 예산을 먼저 정한다. 그리고 예산에 따라 미니 · 샤워룸, 원룸형을 정하라. 정한 예산으로 다양한 고시원을 보라. 성수기에는 빈방이 없을 수도 있고, 비수기에는 빈방이 많을 수도 있다. 하나의 팁은 장기 입주를 하는 경우는 장기 계약에 따른 할인을 요구할 수도 있다는 점이다. 요구해 보고, 안 되면 그만이다. 보통은 일정 할인을 해준다.

둘째, 미니 · 샤워룸을 선택할 때는 비슷한 가격이면 화장실, 세탁기 등의 시설이 많은 곳을 선택한다. 물이 잘 빠지는지도 확인하자.

셋째, 치안, 보안이 잘 되어 있는지를 확인하자. 늦게 귀가하는 경우에는 특히 중요하다. CCTV, 비상시 출동 서비스 등을 확인하자. 같은 가격이면 치안, 보안이 잘 되어 있는 곳을 선택해야 한다. 예를 들어 한밤에 갑자기 아프거나 위험한 상황이 발생하면 총무실로 찾아 가는 것도 어려울 수 있다. 112 전화를 해서 신고할 수도 있다. 그보다 더 빠른 것은 복도에 있는 비상벨을 누르는 것이다. 그러면 주변 지역을 순찰하고 있는 업체들이 바로 출동한다. 출입문을 설치한 경비업체이기 때문에 긴급 상황에 대처를 할 수 있다.

넷째, 교통이 가까운 곳을 선택하자. 고시원에 거주하는 많은 분들이 시간을 절약하기 위해 입주하는 경우다. 비슷한 가격이면 지하철역이나 버스 정류장이 가까운 곳으로 선택하자.

다섯째, 고시원 에어컨은 어떤 곳은 중앙방식이고, 어떤 곳은 개별방식이다. 본인이 자율적으로 조절을 할 수 있는 개별 에어컨이 있는지 체크하자. 중앙냉방과 개발냉방은 엄청난 차이가 있다. 중앙 방식은 입주자가 컨트롤할 수가 없는 구조이다. 여름에 더위로 다소 고생을 할 수도 있다.

여섯째, 세탁기, 건조기 등의 부대시설 존재 여부를 확인하자. 세탁기가 없어서 빨래방을 이용하거나 건조기가 없어 필요할 때 옷을 말릴 수 없다면 불편함을 느낄 것이다. 세탁기, 건조기 존재 여부와 개수, 크기도 확인하면 좋겠다.

일곱 번째, 건물 근처에 소음을 발생하는 업소를 체크하라. 고시원은 엄연히 휴식을 취하는 공간이다. 밤새 소음이 발생하면, 휴식을 취하지 못하고 피로가 쌓일 수 있다.

마지막으로 고시원 운영자가 친절한 분이면 좋겠다. 운영자가 없는 곳도 많지만, 항상 서로가 나갔다 들어왔다 마주치기 때문에 운영자가 밝은 미소로 맞이해 주면 기분 좋게 하루를 시작하고 마무리할 수 있다.

고시원에 입주를 해야 하는 상황에서 원하는 조건으로 만족스러운 고시원을 구하는 것은 중요하다. 사람마다 다양한 기준을 가질 수 있다. 자신의 예산, 치안, 교통, 냉 · 난방, 부대시설, 소음 여부, 운영자 등의 요소들을 고려해서 선택하라. 흔히 이야기하는 가격 대비 높은 만족의 가성비를 얻을 수 있다.

고시원은 과거의 오명에서 벗어나 다양하게 긍정적인 방향으로 변화하고 있다. 서울시 등 지방자치단체의 시설 개선을 위한 투자와 신축인가 신설 기준도 변화에 영향을 미치고 있다. 고시원 사업자들의 마인드 변화도 일조하고 있다. 고시원도 원룸보다 더 좋은 시설을 제공해서 입주 고객의 만족도를 증가시키면 좋겠다. 주거 개선을 통해 고수익을 추구하는 것은 무척이나 바람직하다.

모텔이 '야놀자' 등의 업체 진입으로 젊은 층들의 놀이터로 탈바꿈하고 있다. 고시원도 다수의 노력으로 어두운 과거의 오명에서 벗어나 충분히 인정받는 주거의 한 형태로 변할 수 있다. 고시원을 한 단계 업그레이드시키는 것이 필자가 추구하는 바다. 성공한 많은 사람들에게 고시원은 좋은 추억의 공간으로 남아 있다. 미래에 성공을 꿈꾸는 사람들에게도 소중하고 좋은 추억의 공간으로 고시원이 남길 기대한다.

3

고시원 입주자들이 자주하는 질문들

중개사를 통해 고시원을 인수하고 운영을 시작했다. 중개사가 나름 기본적인 운영노하우라고 가르쳐 주었다. 전 운영자도 여러 가지 운영 팁을 전해줬다. 그래서 별 걱정 없이 오픈을 하여 실제 운영을 시작했다. 그런데 경험이 없다 보니, 고객들의 질문 사항에 대처가 안 된다. '처음 창업하면 많은 분들이 이런 어려움에 직면하겠구나' 하고 생각했다. 중개사나 전 운영자들이 정보를 주기는 했지만 구체적이고 디테일한 정보는 제공하지 않는다. 입주 예정자들이 홈페이지나 전화로 자주하는 질문들을 초보 창업자들을 위해서 Q&A 형태로 정리했다. 오픈하우스 개포점 기준으로 작성한 것이니, 고시원별로 상황이 다소 차이가 존재하므로 변경, 수정해서 사용하면 되겠다.

Q : 방 가격이 어떻게 되나요?

A : 방 가격은 방의 크기와 외창, 내창에 따라 다릅니다. 우선 외창의 경우 월 40~45만 원이고, 내창은 월 35~40만 원입니다. 가격의 차이는 방의 크기와 뷰의 차이입니다(외창, 내창 방이 만실인 경우 빈방 기준으로 말하면 된다).

Q : 언제 입주 가능한가요?

A : 빈방이 있는 경우 – 지금 와서 보시고, 마음에 드시면 계약하고 바로 입주 가능합니다.

빈방이 없는 경우 – 지금은 만실이라 입주 불가합니다. 이번 주말에 퇴실 예정자가 있습니다. 대기자는 예약금 입금 순으로 접수합니다. 예약금 입금해 주시면 퇴실자가 발생할 경우 바로 연락드리겠습니다. 만약, 퇴실자가 원하시는 날짜까지 나오지 않으면 예약금 100% 환불해 드립니다.

Q : 외창과 내창이 무엇인가요?

A : 쉽게 말씀드리면 바깥과 바로 연결된 창문이 있으면 외창, 고시원 내부 복도에 창문이 있으면 내창입니다.

Q : 외창과 내창의 가격 차이는 왜 있나요?

A : 외창은 밖으로 창이 있어 뷰도 좋고 환기가 훨씬 잘 됩니다. 내창

방이 외창 방에 비해 다소 부족한 면이 있습니다. 그래서 조금 저렴합니다.

Q : 방 시설은 어떤가요?

A : 최신식 원룸 형태로 모든 방 안에 개인용 화장실과 샤워를 하실 수 있게 시설이 되어 있습니다. 개인용 에어컨, 냉장고, 인터넷TV, 와이파이(Wifi)가 설치되어 있어서 생활하실 때 전혀 불편함이 없습니다.

Q : 공용 시설은 어떤가요?

A : 기본적으로 남녀가 구분 사용할 수 있는 세탁기가 있습니다. 무료로 사용 가능합니다. 주방 내에는 가벼운 조리를 할 수 있게 되어 있고 밥, 반찬 등이 상시 제공됩니다. 때때로 '엄마표 특별 요리'가 제공됩니다. 맛이 끝내 줍니다.

Q : 내 · 외부 소음이 심하지 않나요?

A : 외부의 소리는 도로와 인접해 있지만 거의 들리지 않습니다. 고시원 내부의 소음 같은 경우는 시공할 때 신경을 많이 써서 거의 들리지 않습니다.

Q : 보증금이나 관리비 같은 추가 비용은 없나요?

A : 처음 입주하실 때 내는 키 보증금 2만 원 외에는 어떠한 추가금도 없습니다. 받은 키 보증금 2만 원은 퇴실하실 때 키를 반환하시면, 환불해 드립니다. 월 지불 금액에 모든 비용이 포함되어 있습니다. 비용은 1개월 선불로 이루어지며, 계약기간은 한 달부터 가능합니다. 특별히 단기 숙박을 원하실 때는 공실이 있는 경우에만 가능합니다. 퇴실은 최소 1주일 전에 통보해 주시면 됩니다.

Q : 안전은 어떤가요?

A : 2012년 신 소방 기준으로 신축되어, 기존의 고시원들보다 더 안전합니다. 소방서 점검에서 아주 높은 점수를 받았습니다. 안심하셔도 됩니다.

Q : 청소는 어떻게 하나요?

A : 공용 공간은 관리자가 매일 청소를 통해 청결 유지를 하고 있습니다. 방 안은 입주자 본인이 청소하시면 됩니다.

Q : 버스정류장에서 거리는 어느 정도인가요?

A : 빠른 걸음이면 30초, 늦은 걸음이면 2분이면 도착할 수 있는 아주 가까운 곳에 위치하고 있습니다. 찾기가 쉽습니다.

앞의 내용들을 숙달해서 사용하다 보면 많은 도움이 될 것이다. 사소한 질문에도 정확하고 친절하게 답변을 하면 고객이 입주를 결정한다. 그렇지 않으면 다른 곳으로 향하게 된다. 단순하게 한 번 읽고 넘기지 말고, 상대방을 두고 몇 번 질문과 답변의 연습을 통해 자기 것으로 만들기를 바란다.

입주를 좌우하는 가장 중요한 '만능키' 한 가지를 소개하겠다. 온라인 시장이 급속도로 성장해서 온라인으로 물건을 구매하는 것이 대세다. 입주비율을 높이는 만능키는 고시원 방문을 유도해서 고시원을 직접 보게 하는 것이다. 방문하면 절반 이상은 계약으로 이루어진다. 전화상으로 다양한 형태의 방, 고시원의 강점, 입주 혜택 등으로 설명해 고시원 방문을 유도하는 것이 최고의 만능키이다. 꼭꼭 명심하여 실천해 보길 바란다.

4

신축, 인수의 차이점은 무엇인가?

신축과 인수의 차이점은 투자 금액의 차이이다

필자는 고시원 컨설팅을 세미나 형태와 1:1 코치 형태로 진행한다. 컨설팅을 요청하는 분의 상황에 따라 맞춤형 컨설팅을 진행한다.

통상적으로 1단계는 고시원 현장 투어, 고시원의 기본 이해, 고시원 매물 전 알아야 할 사항, 오픈하우스 실제 계약 · 운영사례 소개 등이다. 2단계는 황금매물 추천, 고시원 계약 전 투자 수익률 계산, 운영자와 임대인 계약 시 동행, 안전시설 등 완비증명서 신청방법, 시설 인수 및 잔금 지급 등이다. 3단계는 인수 후 운영비법 제시(맞춤형 차별화 전략 제시, 0% 공실 만드는 비법)와 오픈하우스와 파트너십 유지이다. 고시원 창업부터 운영까지의 노하우를 여과 없이 대방출하는 콘셉트이다. 현재까지 컨설팅을 받은 분들은 모두 만족한다고 말했다.

1월 초순에 젊은 부부가 소개를 받고 고시원 창업 컨설팅을 받고자 방문했다. 결혼 3년차 대학 동창 커플로 남편은 제조업에, 아내는 실내 인테리어 회사에 근무하고 있었다. 원래 절차대로 고시원 투어를 마치고, 고시원 창업 · 운영에 대한 컨설팅을 진행했다. 컨설팅이 끝나고 신축과 인수의 차이점에 대해서 많은 것들을 물었다. 그래서 필자가 반대로 젊은 부부에게 물었다.

"지금 사시는 집이 신축이세요?"
"10년 정도 된 아파트입니다."
"왜 신축한 집에 계약을 안 하고 10년 된 아파트를 계약하셨어요?"
"신축 아파트로 계약을 하고 싶었지만 가격이 비싸서 기존으로 계약했습니다."
"네, 맞습니다. 고시원도 똑같습니다. 신축과 기존 고시원 인수의 차이는 가격 차이입니다."

아파트와 같을 수도 있고, 조금 차이가 있을 수도 있다. 신축과 인수의 차이를 설명하겠다.

고시원 신축의 2가지 종류

먼저, 신축의 종류는 크게 두 가지로 나눌 수 있다.

첫째는 건물주가 자신의 건물에 고시원을 신축하는 경우로 건물의 용도가 제2근린시설에 해당되고, 고시원을 운영하고 싶어 건물주가 건축하는 경우이다. 건물주가 고시원 건축업자를 불러서 시설을 꾸미는 것이다. 강점으로는 월 임대료가 지출되지 않으므로 높은 수익률을 기록할 수 있다. 신축 시 감안 요소는 신축할 때 투자 금액에 대한 수익과 임차인에게 월세를 받을 때를 비교, 분석해야 한다.

여기서 한 가지 궁금한 점은 그럼 평당 건축비가 얼마나 될까라는 것이다. 다른 건축물도 같은 추세지만 고시원 건축도 평당 단가는 상승추세다. 상승세의 중요한 것 네 가지 요인은 인건비의 상승, 소방안전 기준의 강화, 인허가 비용 증가, 고급화이다. 제대로 고시원을 신축하려면 평당 250만 원 이상이다. 평수가 크면 규모 경제로 평당 단가가 다소 하락할 수 있다. 단가를 낮추기 위해 저렴한 재료를 사용하면 평당 200만 원대 초반까지도 가능하다. 저가로 공사하는 경우 일정기간 경과 후 건물의 안정성을 보장할 수 없다. 신축 시 비용은 적게 들지만 중간에 매각 시 어떤 결과가 나올지 모른다. 건물주가 고시원을 운영하다 타인에게 매각하는 경우도 많다. 건물주가 많은 돈을 지출해서 고시원을 신축해서 잠시 운영하다가 매각한 경우는 대체적으로 방 크기도 넓고 시설투자가 많아 고시원이 매우 잘 만들어져 있어 고객들의 선호도가 높다. 물론 입주비율도 높은 편이다. 오픈하우스 외대점의 경우이다.

두 번째는 시설권리금이나 월세가 저렴한 기존의 전통적인 고시원을 원룸형 고시원으로 구조를 개선하는 것이다. 철거가 필요하므로 건축비용은 신축보다 조금 더 지출된다. 그러나 큰 강점이 존재한다. 인가 신축 시 최근 방당 최소 크기 규정이 시행되고 있어 방 개수를 많이 만들기가 힘들다. 구조변경 시 기존의 규정이 준수되므로 인가 신축 건물보다 방 개수를 20~30% 많이 할 수 있다. 같은 월 임대료를 지불할 때 방 개수가 5개가 많다고 가정해 보자. 다섯 개를 방당 40만 원으로 계산하면 월 200만 원의 매출 차이가 생긴다. 구조변경 신축의 엄청난 강점이다. 어떤 사업자들은 노후화된 고시원을 매입해 원룸형 고시원으로 구조변경 신축만 해서 매매를 한다.

기존 고시원 인수의 4가지 종류

인수는 말 그대로 현재 운영 중인 고시원을 시설권리금을 주고 매입하는 것을 말한다.

첫째는 건물주가 신축해서 운영하는 고시원을 인수하는 것이다. 건물주가 신축을 할 때는 내 고시원이라는 생각에 투자 금액을 아끼지 않고 좋은 자재를 사용해서 튼튼하게 건축하는 경우가 많다. 고시원의 내구성이나 화재의 안정성 측면에서 강점이 있다. 기간이 지나도 건물의 안전성이 보장되어, 인수할 경우 수선비용의 지출이 상대적으로 적다.

둘째는 구조변경 신축이다. 이 경우는 한 마디로 사업자의 양심이다. 일반인의 눈으로 본다고 해서 건축을 어떻게 했는지 알 수가 없기 때문이다. 한 가지는 업계가 좁아서 수소문하면 구조변경 건축주의 스타일이 파악된다.

셋째는 현재 운영하고 있는 고시원을 인수해서 구조변경을 하는 것이다. 여기서 전제조건은 구조개선에 대한 본인의 능력이 있거나 사업자를 잘 선정해야 한다는 점이다. 물론 중개사나 전문가를 통해서 소개받을 수는 있다. 필자는 추천하지 않는 케이스다. 건축도 문제지만 초보창업자가 입주자를 채우는 것도 어렵기 때문이다.

넷째는 현재 운영 중인 고시원을 시설권리금을 주고 인수하는 경우다. 가장 많은 경우인데, 시설권리금에는 현재 입주 숫자에 대한 권리도 포함된 금액이다. 현재 입주자의 입주요금은 잔금을 치르고, 인수 후 입금되는 요금은 인수자의 권리이다. 미리 선불로 낸 금액은 인수자의 것이고,

미수금은 전 운영자의 몫이다.

앞에 언급한 결혼 3년차 젊은 부부는 둘 다 나름 근무시간에 자유로움이 있고, 내 집 마련을 위해 추가적인 수익이 필요했다. 특히 아기를 낳으면 지출이 증가하는데, 아내는 일을 하지 못하면 가정의 소득이 감소할 수밖에 없는 현실을 대비하기 위해 컨설팅을 받으러 온 것이었다. 참으로 현명하고 지혜로운 젊은 부부이다. 그들은 기존의 고시원을 인수해서 운영하기를 원했다. 집에서 멀지 않는 곳으로 계약을 했다.

아내가 인테리어 전문가였기에 인수한 고시원을 얼마 되지 않은 금액으로 셀프 인테리어를 했다. 최근에 방문했는데 훨씬 더 밝고 아늑한 느낌을 주는 고시원으로 탈바꿈했다. 젊은이들 취향에 맞게 인테리어가 변경되어 젊은 직장인들의 문의가 증가했다고 한다. 집으로 돌아오면서 인수한 고시원으로 돈을 많이 벌어 비싼 신축아파트를 분양받으라고 웃으면서 덕담을 해주었다.

이들처럼 만약 자신이 인테리어 재능이 있거나 관심이 있으면 좀 더 저렴한 시설권리금을 지불하고 꾸며서 매출을 증대시킬 수 있다.

많은 사람들이 신축아파트를 선호한다. 필자도 그렇다. 기존 아파트에 비해 같은 평형에도 공간 배치도 잘 되어 있고, 난방비도 상대적으로 저렴하다. 그런데 문제는 가격이다. 지불할 능력이 있으면, 신축아파트가 좋다고 생각한다. 고시원도 마찬가지다. 신축이 추가로 지출할 비용이 적고 시설관리에 신경을 적게 쓰므로 운영이 편하다. 그렇지만 정해진 투자 금액으로 원하는 수익을 창출하려면 대부분이 기존 고시원을 인수해서 창업을 해야 한다. 수리와 시설보완을 위해 일정 금액의 추가 비용 지출과 불편함은 감수해야 한다. 전문가의 도움을 받아 추가 비용을 최대한 줄이는 노력이 선행되어야 한다. 더 중요한 것은 잘 운영해서 시설권리금을 회수하고, 추가로 권리금을 받고 매각하는 것이다.

5

고시원 창업 시 주의사항 7가지

작은 것을 놓치면 큰 손실을 불러올 수 있다

작년 연말쯤 모르는 번호로 전화가 왔다. 요즘 하도 스팸, 보이스 피싱 전화가 많아 모르는 전화는 잘 받지 않는다. 그런데 그날은 이상하게 전화를 받았다. 전화기를 통해 전해오는 목소리가 무척이나 다급했다. 다짜고짜 이렇게 물었다.

"황재달님 맞으세요?

"네, 맞습니다. 누구세요?"

"○○○의 소개로 전화했는데, 만나서 말씀드리면 안 될까요?"

워낙 급해 보이고 소개한 분 입장도 있고 해서, 회사로 오라고 했다. 내용을 들어보니 여러 사람에게 고시원 창업이 좋다는 얘길 듣고 본인도 할 수 있다는 생각에 창업을 결심했다고 한다. 친한 지인이 건물을 가지고 있어서 건물은 확보된 상태였고, 본인이 나름 자금력도 있었기 때문에 고시원을 신축 창업하기로 결정해서 현재 신축 공사 중이었다. 그런데 공사 중에 동일 건물에 신축 가능한 고시원 총면적이 500제곱미터라는 것을 알았다고 한다. 그 건물에는 이미 300제곱미터 고시원이 있었다.

너무나 기초적인 정보인데 모르고 시작했다는 것이 이해가 안 됐다. 알고 보니 '동일 건물 1,000제곱미터'라는 법 개정 전의 정보로 착각한 것이다. 벌써 많은 비용이 지출된 상태라 난감한 상태였지만 차근차근 상황을 파악해서 손실을 최소화시켜드렸다. 천만다행인 것은 건물주가 지인이라 많은 양해를 해주었다는 것이다. 그 사건 이후, 이분하고는 꾸준히 연락하고 지내는 사이가 되었다.

이분의 경우 조금만 시간을 내어 정보검색을 해봤다면 충분히 알 수 있는 내용을 몰랐다. 그러나 일이 안 되려면 꼭 엉뚱한 곳에서 문제가 생긴다. 그래서 지금부터 고시원 창업 시 주의사항 7가지를 알려주겠다. 아는 만큼 보인다고, 알면 아무것도 아니지만, 모르면 큰 재산상의 손실을 초래할 수 있다.

고시원 창업 시 주의 사항 7가지

첫 번째, 건물용도가 제2근린시설(다중생활시설)인지 확인해야 한다. 고시원은 법적으로 '준 주택'에 해당한다. 대법원 인터넷 사이트에 접속해서 건물 용도를 확인하면 된다. 대부분 중개사가 체크해주므로 여기에서 일어나는 실수는 흔하지 않다. 그러나 체크하지 않아 실수를 하면 재산상의 피해를 볼 수 있다.

두 번째, 신축 시 동일 건물 내 고시원 총 면적이 500제곱미터 이내(약 150평)인지 확인해야 한다. 쉽게 설명해서 한 건물에서 현재 고시원으로 300제곱미터를 사용하고 있으면, 신축으로는 200제곱미터만 가능하다. 꼭 체크하라.

세 번째, 상업시설인 주상복합건물 내에 고시원은 불법이다. 주상복합건물에 고시원 건축이 안 된다는 것이다. 확인해야 한다.

네 번째, 고시원 신축 시 지자체별 최소 평수를 확인해야 한다. 1인 가구 증가로 고시원 수요가 꾸준하다. 그러나 화재 등으로 인명 피해가 속출하고 있기 때문에 구청별로 고시원 최소평수 기준을 정하는 추세이다. 2019년 서울시는 고시원 신축 시 창문 설치 의무화, 최소 방 크기 7제곱미터(약 2평) 이상, 화장실 포함 시 10제곱미터(약 3평) 기준으로 시행 중이다. 물론 신축인가에 한해서다. 기존 시설을 인수하는 경우는 적용되지 않는다. 파악해야 한다.

다섯 번째, 5층 이상 건물은 별도 비상계단이 있는지 확인해야 한다. TV 뉴스 등의 언론에서 건물 대피로 미확보로 일어나는 안타까운 사건 사고를 접할 때가 있다. 건물의 비상계단 확보가 안 되거나 다른 물건들이 비상계단을 막고 있으면 안 된다. 화재발생 시 피해규모를 키우는 원인이 될 수 있다. 고시원도 많은 인원이 같이 생활하는 다중 이용시설이므로 비상계단 확보는 필수이다. 창업 전 꼭 점검하여야 한다.

여섯 번째, 고시원 분양 사기를 조심하라.

필자가 오랫동안 알고 지내는 여섯 살 많은 형님이 있다. 작년 늦가을 평일 연차를 내고 관악산에 갔다가 내려와서 오랜만에 만났다. 그 형님은 나를 황 박사라 부른다. 불편하다고 해도 그냥 그렇게 부른다. 요즘에 고시원 전문가로 활동 중이라고 했더니, 놀라며 "진짜?" 하고 물었다.

그 형의 군대 후배가 1년 전에 전역을 했는데, 모아둔 돈이 3억 원이 있었다고 한다. 그래서 나이도 젊고 추가로 직업도 갖고, 소득도 올리려고 여러 가지 알아보다 고시원 사기에 걸려 1억 원을 날렸다고 한다. 참으로 어이없게 피와 땀 흘려 모은 돈 1억 원을 사기당한 케이스다. 누구한테

하소연을 하겠는가? 본인이 확인도 안하고 계약했으니 어쩔 수 없다. 그 분을 생각하니 마음이 아프다.

신규 건물을 분양할 때 분양이 안 되면 상가를 쪼개고 쪼개서 등기할 수 있다고 속여 고시원으로 둔갑시키는 것이다. '고시원 사기'를 인터넷에서 검색하면 알 수 있다. 고시원 분양 사기는 꾸준히 발생하고 있다. 특히 군인, 공무원, 교사 출신, 정년은퇴자 등 자신의 분야만 열심히 한 사람들이 주요 대상이다. 지식이 적거나 없는 전업주부들도 대상이다. 일반 상가인데 고시원 분양한다고 사기를 치는 경우, 고시원을 원룸텔로 분양 사기를 치는 경우도 있다. 각별한 주의를 요한다.

일곱 번째, 위반 건축시설물을 확인하라. 예를 들면, 1층에 있는 식당이 영업목적으로 식당 앞쪽으로 불법 패널을 설치하는 것이다. 해당 구청에서는 매년 위반 건축물 철거 통보와 이행 강제금 납부 과태료를 부과한다. 어느 날 갑자기 중개사가 진짜 좋은 물건이 있다고 연락이 왔다. 노량진역 출구 바로 앞 신축 원룸형 고시원이었다. 여인숙을 개조해 고시원으로 신축한 곳인데 외부 모양은 나름 차별화된 디자인이었다. 근처에 있는 학원에 다니는 학생들을 대상으로 기숙사처럼 운영이 가능한 곳이었다. 대형 학원과 단체 입주에 대해 많은 프로세스가 진행된 상태였다. 원래 절차대로 건물의 건축물대장을 살펴보다 위반 건축물을 발견했다. 입구에 총무실 사용 목적으로 위반 건축물을 만든 것이다. 위반이라는 단어만 들어도 싫어하는 필자는 영 마음이 내키지 않아 계약을 하지 않기로 했다.

어떤 중개사분은 이행 강제금을 부담하고 사업을 하면 된다고 말한다. 물론 틀린 말은 아니다. 그런 분들도 당연히 계시다. 그러나 필자는 그런 방식을 좋아하지 않는다. 사람마다 다를 것이니 여기서 필자가 옳고 그름을 논하지는 않겠다. 가치관의 문제이기 때문에 필자가 평가할 자격도 없다. 그저 필자는 싫다는 것이다.

자신이 모르는 분야를 새롭게 시작할 때, 현재 가지고 있는 지식과 경험이 맞는 경우도 있다. 하지만 대부분은 그렇지 않다. 필자는 모르는 분야에 접근을 할 때 다음과 같은 절차를 거친다.

첫째, 새로운 아이템 검색을 통해 기초적인 지식을 형성한다. 둘째, 기초적인 개념을 토대로 관련된 아이템에 대한 책을 구매해서 읽어본다. 셋째, 그 분야에 종사하는 분들을 만나서 의견을 나누고 나의 생각을 정리한다. 넷째, 그 분야 종사자들 중에 내 코드와 맞는 전문가를 선정해서 내가 원하는 내용들을 질문하고 전문가의 의견에 따른다. 그리고 실행한다.

고시원 창업 시 주의사항 7가지를 설명했다. 알고 나면 아무것도 아니다. 그러나 주의를 게을리 하면 금전적인 손해를 동반하는 요소들이다. 새로운 분야인 고시원 창업을 준비하는 분들은 중요하게 생각할 내용들이다. 돈은 누구에게나 소중하다. 소중한 돈을 투자하여 밝은 미래를 위해 사업을 시작하는 단계에서 사소한 것 때문에 금전적인 손실을 보면 안 된다. 창업도 하기 전에 소중한 돈과 꿈을 포기해야 할 수도 있다. 조금 천천히 가면 어떤가? 제대로 가면서 잘 도착하면 되는 것이다. 모르거나 자신이 없으면 전문가에게 컨설팅을 요청하라. 시간과 비용을 줄이고 제대로 고시원을 창업할 수 있다.

6

고시원 창업 투자 금액은 얼마 정도인가?

동일 평형의 아파트라도 강남은 무척이나 비싸고 다른 지역은 상대적으로 저렴하다. 강남 지역에서도 신축이나 오래된 아파트인지에 따라 가격 차이가 난다. 같은 건축년도라 해도 아파트와 빌라는 가격 차이가 있다. 이 이야기를 하는 이유는 고시원도 크기, 위치, 신축, 구축, 원룸형, 혼합형, 전통형 등에 따라서 가격이 천차만별이라는 점을 말하고 싶어서다. 같은 강남인데도 매물에 따라 가격 차이가 많이 난다. 다른 지역에서도 고시원 물건에 따라 가격이 다양하다.

고시원 창업을 하는 데 있어 가져야 할 기준은 첫째, 본인이 조달 가능한 투자 금액이 얼마인지를 파악하는 것이다. 둘째는 본인이 어느 지역에서 고시원 창업을 할 것인가를 결정하는 것이다. 세 번째는 창업자가 직장인과 학생들을 중 누구를 대상으로 할 것인가를 생각해야 한다. 네 번째는 월 얼마 정도의 수익 금액을 원하는가이다. 마지막으로는 창업자가 고시원에 투입할 수 있는 노동 시간을 감안해서 어떤 방식으로 운영할지를 정하는 것이다.

최근에 고시원 창업 컨설팅을 받은 30대 중반 맞벌이 부부 사례를 보자. 매물을 보기 전에는 투자 금액 1억 1,000만 원, 2호선, 학생들 위주, 기대 수익 200만 원, 직접 또는 위탁으로 말했다. 고시원 물건을 보면서 투자 금액 1억 5,000만 원, 2호선, 직장인 위주, 기대 수익 300만 원, 직접 또는 아웃소싱으로 생각의 변화가 생겼다. 처음에 자신의 기준을 가지고 출발하는 것은 필요하다. 그렇지만 매물을 보면서 자신이 가진 생각의 변화를 보이는 것 또한 당연한 것이다. 고시원을 창업하고자 하는 목적이 추가적인 소득원 확보를 통해 경제적인 자유를 얻고자 하는 초심만 유지하면 되는 것이다. 이 부부는 이 책이 출판될 때쯤 고시원 원장이 되어 있을 것이다.

고시원 창업을 위해 다닐 때 봤던 고시원, 최근에 계속 보고 있는 매물 등을 종합해서 간단히 세 가지로 분류해서 설명한다. 편의상 임대보증금, 시설권리금을 포함한 금액으로 고가형(3억 원 이상), 중가형(1~2억 원), 저가형(1억 원 미만)으로 분류한다.

1) 고가형

총 3억 5,000만 원(보증금 8,000만 원, 시설권리금 2억 7,000만 원, 월 임대료 385만 원(부가세 포함), 방 개수 30개, 2019년 3월 신축 최신식 원룸형)

서설 노후화가 심하지만 위치가 좋고, 월 임대료가 저렴한 지역의 상가를 임차해서 진행하는 경우로, 원래 여관 용도의 건물을 임차해서 기존 노후시설을 철거하고, 고시원으로 구조를 개선해서 잠깐 운영하다 매각하는 형태이다. 단순하게 방당 일정 금액을 투자하여 고시원을 꾸미고 입주고객을 채워 시설권리금을 받고 파는 경우이다.

신축 고시원을 인수하는 분들은 아래와 같은 판단으로 인수를 한다.

첫 번째, 고시원 운영 경험이 없기에 신축기간이 오래된 고시원을 인수하면 관리가 어렵다. 그리고 추가적인 시설투자비용이 지출되어 싫다.

두 번째, 오래된 고시원을 인수하면 몇 년을 운영하다가 매각을 원할 때 '매각이 되지 않으면 어떡하나' 하는 생각을 한다.

세 번째, 월 임대료가 다른 물건들에 비해서 상대적으로 저렴해서 일정 수준의 수익 실현이 쉽다.

네 번째, 고시원 위치가 좋아서 수요가 많고 역에서 가까운 곳이라 고객 확보가 쉬울 것이다.

다섯 번째, 최신식의 시설이니 일정기간 동안은 시설에 대한 추가 투자 금액이 지출되지 않을 것이고 시설관리가 편할 것이다.

총 투자 금액은 3억 5,000만 원으로 고가형에 속하지만, 수익과 관리 측면에서 나름 의미 있는 인수라 할 수 있다. 시설을 잘 관리하고 고시원 운영을 잘 해서 투자한 시설권리금을 최대한 빠르게 회수하고 매각하면 좋은 투자 안이 될 것이다.

2) 중가형

총 1억 5,000만 원(보증금 6,000만 원, 시설권리금 9,000만 원, 월 임대료 420만 원(부가세 포함), 방 개수 32개, 2012년 신축, 올 원룸형)

초보 창업자와 투자 금액을 감안할 때 가장 선호하는 중가형 형태이다. 따라서 물건이 귀하고 매물이 나오면 바로 계약이 된다. 책 출판과 유튜브 시작 등 한창 정신이 없던 4월 중순에 급하게 M 중개사에게서 전화가 왔다. "대표님, 아주 좋은 물건이 나왔습니다. 빨리 한 번 가 보시면 좋겠습니다." 그래서 바쁜 와중에 강남 개포동에 있는 고시원을 방문했다. 2, 3층 약 100평인데 시설상태가 너무 좋고 조건도 좋아서 인수를 결정,

컨설팅을 받은 고객에게 전화해서 그 다음날 바로 계약했다. 나중에 알고 보니 원장님을 통해 나온 직접 매물로, 다른 중개사에게 나가기 전 매물이었다. 다른 분들이 계약을 하겠다고 예약을 했는데, 중개사가 필자를 믿고 계약했다고 한다. 글을 통해 한 번 더 고마움을 전한다. 작년에 보일러도 교체했고, 밥솥, 세탁기도 교체한 아주 좋은 황금매물이었다. 인수할 때는 공실이 약 30% 정도 있었는데, 현재는 10% 이내로 인수한 원장님이 아주 만족해 하고 있다.

빠르게 의사결정을 할 수 있었던 것은 많은 이유들이 있지만, 그동안 고생하면서 쌓은 노하우와 잘 만들어진 투자 검토(안) 모델 때문이다. 시설권리금의 적정성 평가와 함께 현재 매출, 수익성을 평가해서 분석하면 인수결정을 내리는 데 어렵지 않다. 저렴하게 인수할 수 있었던 또 다른 이유는 공동운영 중이어서 빨리 매각하고 싶어 했기 때문이다. 그 부분을 잘 파고들어 할인을 받을 수 있었다. 컨설팅을 받으러 오는 분들과 중개사들이 하는 말이 정말 좋은 가격으로 인수했다고 한다. 자주 나오는 매물은 아니다.

3) 저가형

총 투자 금액 8,000만 원(보증금 4,000만 원, 시설권리금 4,000만 원, 월 임대료 330만 원(부가세 포함), 방 개수 40개, 2000년 신축)

공동 화장실을 사용하고, 입주요금이 저렴하기 때문에 제대로 음식들을 제공해주지 않는다. 흔히 전통형 고시원이라 부르는 곳이다. 많은 분들이 가진 고시원에 대한 나쁜 이미지와 뉴스에서 화재 발생 고시원으로 나오는 옛날 고시원의 형태이다. 건축한지 오랜 기간이 지나 노후했고, 방음시설이 제대로 안 된 경우가 많다. 화재에도 취약한 곳으로 경제적으로 어려움을 겪는 분들이 저렴한 비용으로 입주하는 곳이다. 강점으로는 적은 비용으로 창업할 수 있고, 투자 금액 대비 수익률이 높다는 것이다. 1장에 언급된 개포점 창업자가 송파 미니텔을 보고 와서 이렇게 말씀하셨다.

"정신이 없어요. 개인적으로 좋아하지 않는 타입이에요."

그러나 위치 등 입지 조건이 좋으면 인수 후 리모델링을 해서 재 오픈하기에 좋은 물건이다.

편의상 투자 금액을 고가형, 중가형, 저가형으로 분류해서 언급했다. 그러나 현실에서는 보증금, 시설권리금, 월 임대료, 인수 시점의 고시원 시설상태, 고정비, 변동비 등 여러 가지 변수가 있다.

필자도 과거부터 생각하면, 고시원만 150개 이상의 매물은 보았다. 어떤 곳은 '왜 이리 비싸지?' 어떤 곳은 '왜 이리 싸지?' 하는 의문을 항상 가지면서 물건을 보고 분석하고 연구했다. 분석 편의상 구분해서 설명했지만 고가형, 중가형, 저가형의 분류는 투자 금액 문제가 아니라 어떻게 운영하는가의 문제이다.

투자 금액은 본인의 자산과 대출 가능한 금액 등 조달 가능한 범위 내에서 하라. 위치 선정은 본인의 동선을 고려해 운영하기에 좋은 위치를 선정하라. 똑똑한 중개사를 선정해서 꾸준히 발품을 팔든지 아님 전문가에게 컨설팅을 받고 믿을 수 있는 매물을 소개받아라. 무엇보다 공실비율과 변동비용을 줄여 수익성을 향상시키는 것이 최우선이다.

오늘도 필자는 물건을 소개받고, 물건을 보고 분석하고 검토한다. 가장 중요한 3가지 원칙으로는 급매물, 시설권리금이 적은 곳, 월 임대료가 저렴한 곳을 기준으로 찾는다. 많이 보고, 많이 눈에 익히고, 많이 발품을 팔다 보면 당신도 좋은 물건을 만날 수가 있다.

7

투자 금액 대비 수익률은 얼마나 될까?

이자 받는 것보다 투자를 선택하라

투자라는 용어를 국어사전에서 찾아보면 '이익을 얻기 위하여 어떤 일, 사업에 자본을 대고 시간이나 정성을 쏟음'으로 정의되어 있다. 여기에서 중요한 키워드는 두 단어다. 하나는 '자본'이고, 또 다른 하나는 '시간이나 정성'이다. '자본'은 쉽게 돈이 될 것이고, '시간이나 정성'은 결과물을 얻기 위한 노력이다. 필자도 대학에서 투자론을 배우기 전에는 '투자'라는 단어를 몰랐다.

그 당시 금리가 연 10% 정도였다. 삼성경제연구소에 따르면 1970년대는 평균 금리가 23%, 1980년대는 14%였고, 1990년대는 10%였다. 높은 금리로 적금이나 예금만 하면 되는 시기였다. 2000년부터 금리가 서서히 하락하면서 현재는 초저금리를 기록하고 있다. 기준금리가 1.25%로 역대 최저금리가 행진중이다. 1억 원을 예금하여 예금금리 1.25%를 적용하면 이자가 연 125만 원이다. 그러니 누구나 투자라는 말을 쉽게 사용하고 있다. 1억 원을 대출받으면 개인의 신용도 차이에 따라 다르지만 보통 3~5%의 금리를 적용받는다. 그럼 이제 사람들에게는 2가지 선택지가 있다. 1억 원을 예금해서 이자를 받을 것인가? 아니면 1억 원을 투자해서 초과 수익을 얻을 것인가?

앞에서 고시원 투자 대상을 편의상 고가형(3억 원 이상), 중가형(1~2억 원), 저가형(1억 원미만)으로 구분했다. 그러나 투자대비 수익률에 신뢰를 높이고, 분석 편의를 위해 개포점 1억 5,000만 원, 노원점 2억 2,000만 원으로 분석을 하겠다. 투자 조달방법은 자기자본 60%, 타인자본 40%로 가정한다. 기타 변수가 있을 수 있으나, 일단 여기에서는 제외한다.

필자는 고시원 창업을 검토할 때는 입주비율 기준으로 중립(85%), 최상(95%), 최악(70%) 투자 안으로 분석한다. 왜냐하면, 입주비율 기준으로 중립투자 안을 검토하는 게 가장 합리적이고 현실적이다. 그러나 계절과 지역별 특수성을 감안할 때 최상, 최악 기준 시나리오를 생각하는 것도 필요하다. 그래야 미리 최악의 상황에 대비할 수 있다. 고정비는 월 임대료, 관리비, 총무 급여, 청소비 등이다. 필요에 따라서는 인터넷, 보험료, 정수기도 일정 금액이므로 고정비로 분류할 수 있다. 변동비는 가스요금, 전기요금, 수도요금, 부식비, 인터넷, 정수기, 광고비, 청소비 등의 항목으로 구성되어 있다. 계절에 따라 가스요금은 겨울철 3~4개월 난방 수요 증가로 높은 비용이 지출된다. 여름에는 냉방비 증가에 따라 전기요금이 증가한다. CCTV는 구입 설치하면 추가적인 비용은 없다. 추가로 출동서비스를 가입하는 경우는 월 5~6만 원의 비용이 발생한다. 오픈하우스는 다른 고시원보다 부식을 아낌없이 지원한다. 부식비가 다른 고시원보다 10~20% 정도 추가 지출이 발생한다.

지난주 금요일 만난 고교 선배가 재미있는 제안을 했다. 고시원 이야기를 듣고서 "지인이 자산이 제법 있는데, 10억 원 정도 투자 유치하면 어떨까?"라고. 일단 거절했다. 기본적으로 투자 유치는 아직 검토하지 않은 상태다. 그러나 위탁경영은 가능하다. 실제로 필자 입장에서는 투자 유치가 훨씬 수익률 측면에서 유리하다. 그분들의 요구 수익률은 높아도 10% 이내이다. 물론, 시중 예금금리가 1.5% 정도니 10%면 엄청 높은 수준이다. 5~10% 내에서 보장하고도 투자 유치를 하면 된다. 투자 유치에 따른 위험은 상존하지만 충분히 초과 수익이 가능하다. 고시원 업계에서는 기본적으로 연 수익률 2부(연 24%) 이자 정도로 통용된다. 10년 전만 해도 3부는 가능했다.

투자 금액 대비 구체적인 수익률 분석

개포점과 노원점을 기준으로 투자 금액 대비 구체적인 수익률을 분석해 보겠다.

매출액은 입주 기준으로 중립(85%), 최상(95%), 최악(70%) 3가지로 분석한다. 비용은 월 임대료(부가세 포함), 변동비, 금융비용 등 3가지 항목을 사용한다. 투자 금액은 총 투자 금액(임대보증금+시설권리금)과 시설권리금을 분류해서 계산한다.

오픈하우스 개포점 기본 정보

: 신축일 2012년 6월, 방 개수 32개, 보증금 6,000만 원, 시설권리금 9,000만 원, 월 임대료 420만 원(부가세 포함)

구분	중립(85%)	최상(95%)	최악(70%)	비고
1. 총 투자 금액	150,000,000	150,000,000	150,000,000	
임대보증금	60,000,000	60,000,000	60,000,000	
시설권리금	90,000,000	90,000,000	90,000,000	
2. 매출액	10,336,000	11,552,000	8,512,000	방 평균 38만 원
3. 운용비용	6,800,000	6,975,000	6,625,000	
월 임대료	4,200,000	4,200,000	4,200,000	부가세 포함
변동비용	2,600,000	2,775,000	2,425,000	5~10% 증감 반영
4. 수익금액	3,536,000	4,577,000	1,887,000	
5. 금융비용	200,000	200,000	200,000	
6. 월 세전 이익	3,336,000	4,377,000	1,687,000	
7. 연 세전 이익	40,032,000	52,524,000	20,244,000	
1) 연간 투자 수익률	26.7%	35.0%	13.5%	총 투자 금액 대비
1) 투자 회수 기간	3.7년	2.9년	7.4년	
2) 연간 투자 수익률	44.5%	58.4%	22.5%	시설권리금 대비
2) 투자 회수 기간	2.2년	1.7년	4.4년	

* 개포점에 사용한 수치는 2020년 4월 변동비용 청구서 기준임.

매출액은 중립일 때 약 1,030만 원, 최상일 때 약 1,150만 원이고, 최악일 경우 851만 원이다. 세전 수익금액은 중립(85%)일 때 약 353만 원, 최상(95%)일 때 약 458만 원이고, 최악(70%)일 때 약 189만 원이다. 금융비용을 감안할 때 중립 333만 원 세전 수익금액이다. 변동비용은 총무비용 85만 원을 포함하고, 중립 기준으로 260만 원으로 매출액 대비 25.1%의 비중을 차지한다. 기타 지출이 발생하면 변동비용 비중은 증가할 수 있다.

⑴ 총 투자 금액을 1억 5,000만 원으로 하고, 대출은 총 투자 금액 대비 대출 40% 6,000만 원, 금융비용은 대출금액 연 이자 4%로 적용하였다. 중립 기준은 총 투자 금액 대비 연간 수익률은 26.7%이며, 투자 회수 기간은 3.7년이다.

⑵ 임대보증금은 계약이 끝나면 환급된다. 시설권리금 기준으로 분석하면 연간 수익률 44.5%로 상승하고, 투자 회수 기간은 2.2년으로 단축된다.

⑶ 타인자본 없이 자기자본만 투자할 경우와 최상(95% 입주 기준)의 경우 수익률은 더 높아진다.

기존 운영 중인 고시원 인수이므로 총 투자 금액이 크지 않고 수익률이 높아 투자 회수 기간이 길지 않다. 현재는 90%대 초반의 입주비율을 기록하고 있다.

오픈하우스 노원점 기본 정보

: 신축일 2012년, 방 개수 38개, 보증금 6,000만 원, 시설권리금 1억 7,000만 원, 월 임대료 495만 원(부가세 포함)

구분	중립(85%)	최상(95%)	최악(70%)	비고
1. 투자금액	230,000,000	230,000,000	230,000,000	
임대보증금	60,000,000	60,000,000	60,000,000	
시설권리금	170,000,000	170,000,000	170,000,000	
2. 매출액	12,274,000	13,718,000	10,108,000	방 평균 38만 원
3. 운용비용	7,350,000	7,535,000	7,165,000	
월 임대료	4,950,000	4,950,000	4,950,000	부가세 포함
변동비용	2,400,000	2,585,000	2,215,000	5~10% 증감 반영
4. 수익금액	4,924,000	6,183,000	2,943,000	
5. 금융비용	306,667	306,667	306,667	
6. 월 세전 이익	4,617,333	5,876,000	2,636,333	
7. 연 세전 이익	55,408,000	70,516,000	31,636,000	
1) 연간 투자 수익률	24.1%	30.7%	13.8%	총 투자 금액 기준
1) 투자 회수 기간	4.2년	3.3년	7.3년	
2) 연간 투자 수익률	32.6%	41.5%	18.6%	시설권리금 기준
2) 투자 회수 기간	3.1년	2.4년	5.4년	

* 노원점 변동비용은 1, 2, 3월 양도인이 제시한 요금의 평균치임.

노원점은 기존 인수에 따른 시설개선과 수리비가 투자 금액에 포함되어야 하므로 수익금액과 수익률은 감안해서 해석하면 된다. 나머지 변동비용은 운영자가 직접 영수증을 통해 제시한 금액이다.

(1) 총 투자 금액은 임대보증금과 권리금을 포함한 2억 3,000만 원 기준으로, 금리비용은 총 투자 금액 대비 대출 40% 9,200만 원을 연이자 4%로 분석하겠다. 중립 기준 세전 월 수익은 약 492만 원이

고, 연으로는 약 5,900만 원이다. 금융비용 연 368만 원(월 306,667원)을 차감하면 세전 연간 수익으로 약 5,540만 원이다. 연간 수익률은 24.1%이며, 투자 회수 기간은 4.2년이다. 최상일 경우는 연간 30.7%, 투자 회수 기간 3.3년이고, 최악일 경우는 연간 13.8%, 투자 회수 기간은 7.3년이다.

(2) 시설권리금에 대해서만 적용해 보겠다. 금융비용을 차감하면 연간 수익률은 32.6%이고, 투자 회수 기간은 3.1년이다. 최상일 경우는 연간 수익률이 41.5%, 투자 회수 기간은 2.4년이 소요된다. 대출금액에 따른 금융비용이 없다면 수익률이 다소 상승할 것이다.

누누이 강조했지만 급매물에 시설권리금이 적고, 월 임대가 저렴한 황금매물이 얼마나 중요한지 수익 분석을 해보면 확실히 알 수 있다. 금융비용이 없으면 중립 기준으로 월 490만 원의 높은 수익을 기대할 수 있다. 현재는 3개의 공실을 기록하고 있다.

분석에 있어서 실제 수치를 적용한 것도 있고, 전제조건을 사용한 것도 있다. 분석의 편의를 위해 2가지를 사용했다. 앞의 표에서 우리는 큰 추세에 의미를 부여해야 한다. 앞의 분석에 따르면 고시원에 종사하는 분들이 언급하는 연 20%대라는 말이 중요한 의미를 갖는다. 지역, 금액, 운영 능력 등 다양한 변수에 따라 수익률은 큰 차이를 보인다. 그렇지만 불황 때의 분석에서 보듯이 다른 업종처럼 실패해서 떠나는 경우는 매우 적다. 70%의 입주비율을 기록할 경우에는 특별한 공실 이유가 있는지 살펴볼 필요가 있다. 반복적으로 언급하지만 다양한 경우들이 있고, 발생할 수 있는 변수들도 있다. 앞의 두 가지 분석이 절대적이 아니므로 참고만 하길 바란다.

고시원 창업은 자신의 돈을 투자해서 기본적인 노력을 한다면 투자 대비 안정적인 수익률 확보가 가능하다. 노동의 투입 시간을 줄일 수도 있다. 타인자본을 조달해서 투자하더라도 큰 위험이 따르지는 않는다. 서두에 10억 원 정도 투자를 하고 싶다는 투자자를 언급했다. 투자 유치를 받더라도 충분히 서로 도움이 될 수 있다. 고시원의 기본적인 지식을 습득하고, 전문가를 찾아 자신의 상황을 말하고 적극적인 상담을 받아라. 그리고 황금매물 소개를 요청하라. 자신의 상황은 투자 가능금액, 창업하고 싶은 위치, 목표 수익 금액 등이다. 돈을 벌고 싶고 성공하고 싶으면 움직여라. 오늘보다 더 나은 내일을 위해 뛰어라. 행동하지 않으면 성공이든 실패든 아무 결과가 없다.

고시원 창업 비법 - "다 함께 부자 됩시다!"

② 고시원 창업하기 전, 알아야 할 사항들

많은 분들이 고시원 창업을 생소하게 느낀다. 고시원 창업을 하고 싶어도 정보 수집이 제한적이기 때문이다. 또한 아직 고시원이 전국에 약 12,000개 정도여서 접할 기회가 많지 않다. 돈을 투자해서 창업을 하기 위해서는 제대로 알고 시작해야 한다.

고시원 창업 전에 알아야 할 것들은,

- 고시원의 법적 지위와 원룸과의 차이가 무엇인지? 누가 입주하는지?
- 고시원 창업 시 주의사항은 어떤 것들이 있는지?
- 고시원의 종류는 어떻게 되는지? 그리고 좋은 고시원 고르는 노하우
- 고시원 창업 시 신축, 인수의 차이는 무엇인가?
- 고시원 종류별로 투자 금액은 얼마나 되는지?
- 투자 금액 대비 얼마의 수익률을 기대해야 하는지?

지식과 정보 없이 무작정 시작하면 필자처럼 돈과 시간을 허비하는 많은 시행착오를 겪게 된다. 알고 시작하면 그리 어렵지 않은 것이 고시원 창업이다. 올바른 지식을 충분히 습득하고 고시원 창업을 시작해 보자.

3장

고시원 창업 7단계 사용설명서

낭비하는 부자는 없다. 낭비하는 빈자는 있다.
가치에 돈을 투자하는 부자는 있다.
가격에 돈을 지출하는 빈자는 있다.

부자는 합리적인 판단으로 가치에 대한 투자가 일상이다.
빈자는 아무 생각 없이 돈을 지출하는 것이 일상이다.

부자가 가장 아까워하는 것은 시간이다.
빈자에게 가장 많은 것이 소비할 시간이다.

by 황재달

1

매물 보기 전 알아야 할 기본적인 고시원 내용들

누구나 월세, 전세 또는 내 집 마련을 위해 중개사를 따라 매물을 본 경험이 있을 것이다. 그런데 중개사가 보여주는 매물을 보다보면 좋은 물건, 비싼 물건만 눈에 들어온다. 잘못하면 감정이 앞서거나 중개사의 현란한 말솜씨에 현혹되어 자신의 자금 조달 능력을 고려하지 않고 계약하는 실수를 범할 때도 있다. 고시원 매물 보는 것도 비슷하다. 좋은 시설, 좋은 위치의 매물만 눈에 들어온다. 물건을 보기 전에 나름대로의 기준을 갖는 것이 중요하다. 얼마의 투자 금액으로 고시원을 창업할 것인가를 결정해야 한다. 투자 금액 중에 자기자본, 타인자본의 비율도 결정해야 한다. 투자 금액과 비율이 정해졌으면 지역을 결정해야 한다. 직장과 가까운 곳으로 할지, 자택과 가까운 곳으로 할지, 추천하는 곳으로 할지를 정해야 한다. 마지막으로 투자 금액 대비 최소 얼마의 수익을 추구할 것인가를 생각해야 한다.

개포점을 오픈하는 데 4개월 정도가 소요되었다. 컨설팅 후에 고시원 창업에 대해 충분한 매력을 느꼈고, 집에 있으면 무료한 생각이 들어 일을 찾았기 때문이다. 그래서 중개사와 함께 꾸준히 매물을 봤다. 보고나서 필자에게 피드백을 요청하면 차근차근 설명을 해 주었다. 창업이 늦어진 이유는 남편이 올해 상반기 경기 악화가 우려되니 미루었으면 좋겠다는 의견 때문이었다.

두 번째는 석촌역 부근에 올 원룸형 32개를 계약하기로 했는데 앉은 자리에서 권리금을 500만 원을 인상해서 계약을 하지 않기로 했다.

그때 중개사와 함께 본 매물들 중 3개만 소개하겠다. 고시원 매물은 위치, 임대보증금, 시설권리금, 월 임대료가 인수를 결정하는 데 있어 모두 연관성이 있다. 추가로 방 개수, 현재 평균 입주비율, 입주요금, 매출액, 지출비용 등을 따진다. 처음 매물을 볼 때는 중개사, 운영자가 하는 말을 정확하게 이해하기가 어렵다. 몇 개 물건을 보다 보면 매물에 대해서 기본적인 이해를 하게 된다. 그렇지만 고시원은 특이해서 실제 인수를 결정하는 데는 누구나 많은 어려움을 느낀다.

서초역, 건대역, 개포동의 검토 대상 3곳을 소개한다. 여기에 표시되는 수치는 모두 운영자가 제시한 수치이다.

1) 서초역 1번 출구 뒤쪽

투자금액	2억 5,000만 원	보증금 7,000만 원, 권리금 1억 8,000만 원, 방 개수 39실 원룸형, 770만 원(부가세 포함), 현재 입주비율 95%, 방당 평균 가격 40만 원
3개월 평균		
매출액	1,480만 원	
비용	980만 원	월 임대료 770만 원, 변동비용 210만 원
수익	500만 원	

서초역 1번 출구를 나와 도보로 3분 이상 떨어진 거리에 위치한 고시원으로 나름 입지가 좋은 편이었다. 건물은 2, 3층으로 구성되어 있었다. 여성분이 7년째 운영하고 있었다. 매물을 보러 간 날은 원장님이 지방에 계셔서 전화상으로 방을 안내받았다. 시설은 중간 정도의 수준이었다. 그런데 월 임대료가 770만 원(부가세 포함)으로 높은 편이었다. 그리고 현재 입주비율은 95%로 잘 운영이 되고 있었다. 방이 조금 작아서 방당 40만 원으로 좋은 위치에 비해 조금 낮은 편이었다. 안정적인 수익을 추구하는 분에게는 매력이 있었다. 위치가 좋아서 크게 공실비율이 올라가지는 않을 것으로 예상되었다. 인수에서 제외시킨 이유는 ① 투자 금액이 나름 큰 금액이고, ② 월 임대료가 상대적으로 비싸고, ③ 현재 입주비율이 높

은 상태라 2개만 공실이 생기더라도 400만 원 초반으로 세전 수익이 하락한다는 것 ④ 수익을 증대시키는 데 한계가 있다고 판단했다.

2) 건대입구역 2분 거리

투자금액	1억 7,000만 원	보증금 5,000만 원, 권리금 1억 2,000만 원, 방 개수 34개(원룸형 21개+미니룸형 13개), 월 임대료 462만 원(부가세 포함)
3개월 평균		
매출액	1,010만 원	원룸형 19개×38만 원 + 미니룸 9개×32만 원
비용	642만 원	월 임대료 462만 원, 변동비용 180만 원
수익	368만 원	

건대입구역에서 도보로 2분 거리의 단독 건물로 3, 4층에 있어서 위치도 좋고 수요도 있는 좋은 입지조건이었다. 방 개수도 34개로 적은 것이 아니어서 월 368만 원의 세전 수익이 발생하고, 입주비율도 80%대로 안정적이었다. 요즘 추세가 원룸형에 대한 수요가 많은 반면, 미니룸형에 대해서는 많이 찾지 않아서인지 미니룸형 공실비율이 높았다. 때문에 제대로 된 방 가격을 받지 못하고 있었다. 마지막으로 인수 보류를 한 이유는 현재도 미니룸형에 대한 선호도가 떨어지는데 인수 후 운영하다 매각하는 경우 시설권리금 1억 2,000만 원 받기에 많은 어려움이 따를 것으로 예상되었기 때문이다. 단기적으로 미니룸 입주비율을 높이면 수익 증가는 예상된다.

3) 포이사거리

투자금액	1억 5,000만 원	보증금 6,000만 원, 권리금 9,000만 원, 32개 원룸형, 월 임대료 420만 원(부가세 포함)
매출액	1,100만 원	29개 입주 평균 38만 원
비용	680만 원	월 임대료 420만 원, 변동비 260만 원
수익	422만 원	세전 기준

양재역에서는 버스로 2코스, 매봉역에서는 버스 4코스로 지하철역과는 조금 떨어진 곳이나 버스정류장은 바로 앞에 있는 포이사거리에 위치하고 있었다. 작년에는 1억 8,000만 원 이상 거래된 매물이라고 했다. 두 분이 공동운영을 하다가 갑자기 신변상 변동이 있어서 매물로 나왔다. 매물이 나왔을 때는 공실이 9개 정도로 앞의 수치보다 훨씬 좋지 않은 상태였다. 그래서 저렴한 가격으로 시설권리금이 나왔다. 공실을 채울 자신이 있었기 때문에 인수를 하게 되었다. 매물을 내놓기 전에 계속 운영할 계획으로 보일러를 교체하고 밥솥도 새로 구입하는 등 투자 대상에 대해 투자한 상태라 추가적인 시설투자는 필요하지 않았다. 월 임대료도 원래 440만 원인데 1년은 420만 원으로 할인받았다. 원장님이 인수 후 여러 가지 공실을 줄이는 노력으로 현재는 약 90% 정도로 입주비율을 유지 중이다. 투자 금액도 나름 적정하지만 인수하게 된 배경에는 인수 시 공실이 일정부분 존재하지만 국악중 · 고등학교가 개학을 하면 공실비율이 줄어 들 수 있다는 판단을 했기 때문이다.

고시원을 인수하는 데 있어 고려할 요소를 보면 크게는 위치, 시설권리금, 월 임대료, 임대보증금 등을 들 수 있다. 그러나 좀 더 상세히 분석하려면 이 네 가지 이외의 요소들도 존재한다. 언제 신축을 했는지? 시설의 관리 상태가 어떤지? 원룸형과 다른 형태의 구성비율이 어떤지? 평당 입주금액이 얼마인지? 등등 여러 가지가 존재한다.

아래에서는 매물을 보기 전 알아야 할 건물의 기본적인 사항에 대해서 설명하겠다. 첫 번째는 건물의 등기사항 전부 증명서를 발급, 열람하는 것이다.

(1) 대법원 인터넷등기소 사이트에 접속, 등기사항 전부 증명서를 발급해서 보면 첫 페이지는 '표제 부'로 지번, 건물내역 등 건물의 표시가 나온다. 두 번째 페이지는 '갑'구로 소유권에 대해 권리자 등의 내용이 나와 있다. '을'구는 소유권 외 권리 채권최고액(쉽게 대출내역)이 표시된다. 마지막 장에는 현재 채권최고액 통상 대출액의 120%~130%가 표기된다. 건물 임대인의 소유자 확인, 대출내역 확인을 해야 한다. 여기서는 독자들의 이해를 돕기 위해 한 장에 모두 표시했다. 상황에 따라서 고시원 건물이 경매로 넘어간다면 보호를 받지 못할 수도 있다.

등기사항전부증명서(말소사항 포함)
- 건물 -

고유번호 1150-1996-113198

[건물] 서울특별시

【 표 제 부 】 (건물의 표시)

표시번호	접 수	소재지번 및 건물번호	건 물 내 역	등기원인 및 기타사항
~~1~~ ~~(전 1)~~	~~1984년12월4일~~			
				부동산등기법 제177조의 6 제1항의 규정에 의하여 1999년 06월 08일 전산이기

[건물] 서울특별시

【 갑 구 】 (소유권에 관한 사항)

순위번호	등 기 목 적	접 수	등 기 원 인	권리자 및 기타사항
1 (전 1)	소유권보존	19 년12월4일 제52998호		소유자 ~~서울 서초구~~
				부동산등기법 제177조의 6 제1항의 규정에 의하여 1999년 06월 08일 전산이기

【 을 구 】 (소유권 이외의 권리에 관한 사항)

순위번호	등 기 목 적	접 수	등 기 원 인	권리자 및 기타사항
~~1~~ ~~(전 4)~~	~~근저당권설정~~	~~1993년11월22일~~ ~~제35644호~~	~~1993년11월22일~~ ~~설정계약~~	~~채권최고액~~ ~~근저당권자 한국주택은행~~ ~~공동담보~~
8	근저당권설정	제2569호	설정계약	채권최고액 금 원 채무자 근저당권자 주식회사 은행

(2) 정부 민원24시 사이트에 접속해서 건축물 대장을 확인해야 한다. 첫 페이지는 일반건축물대장(갑), 두 번째 페이지는 일반건축물(을). 여기서 갑, 을의 의미는 없다. 첫 페이지(갑), 두 번째 페이지부터는 (을)을 표기한다. 마지막 면에 위반 건축물(1층 식당 패널 설치)이 표기되어 있다. 고시원용도 제2근린시설(다중이용시설)인지 확인이 필수다. 위반 건축물이 없는지 확인이 꼭 필요하다. 미확인하고 계약했다가 큰 금전적인 피해로 이어질 수 있다. 잘 모르겠으면 중개인이나 전문가에게 물어보라.

(3) 신축인 경우 동일건물에 추가적인 고시원이 있는지 확인해라. 두 개의 고시원 합계 면적이 500제곱미터(약 150평) 이내면 문제가 없다. 매출, 비용, 수익을 잘 분석하는 것도 당연히 중요하지만 앞에 언급한 간단한 몇 가지를 놓치면 예상치 못한 낭패를 보게 된다.

추가적으로 체크할 내용을 언급한다. 고시원의 전반적인 시설 파악이다. 가장 중요한 것이 스프링클러이다. 원룸형은 기본적으로 설치되어 있다. 전통적인 고시원은 꼭꼭 체크해야 한다. 스프링클러 추가 설치 시 많은 금액이 지출된다. CCTV와 보일러, 인덕션, 김치냉장고, 세탁기, 건조기, 컴퓨터, 비상구, 운영 홈페이지, 블로그 등을 확인하라. 보일러 같은 경우는 노후화되어 교체를 하게 되면 큰 금액의 수리비가 발생할 수

■ 건축물대장의 기재 및 관리 등에 관한 규칙 [별지 제1호서식] <개정 2018. 12. 4.>

문서확인번호 1584-1851-3045-0507

일반건축물대장(갑)

위 반 건 축 물

(2쪽 중 제1쪽)

고유번호		정부24접수번호		명칭		호수/가구수/세대수 0호/0가구/0세대
대지위치	서울특별시	지번		도로명주소	서울특별시	
※대지면적 158㎡	연면적 377.88㎡	※지역		※지구		※구역
건축면적 82.56㎡	용적률 산정용 연면적 310.44㎡	주구조 철근콘크리트		주용도 제1, 2종 근린생활시설		층수
※건폐율 52.25%	※용적률	높이 12.3m		지붕 평옥개		부속건축물
※조경면적 ㎡	※공개 공지·공간 면적 ㎡	※건축선 후퇴면적 ㎡		※건축선 후퇴거리 m		

건축물 현황					소유자 현황			
구분	층별	구조	용도	면적(㎡)	성명(명칭) 주민(법인)등록번호 (부동산등기용등록번호)	주소	소유권 지분	변동일 변동원인
주1	지1층	철근콘크리트조					/	등기명의인표시변경
주1	1층	철근콘크리트조						
주1	1층	철근콘크리트조					/	등기명의인표시변경
주1	2층	철근콘크리트조	제2종근린생활시설(다중생활시설)	82.56				

이 등(초)본은 건축물대장의 원본내용과 틀림없음을 증명합니다.

※ 표시 항목은 총괄표제부가 있는 경우에는 적지 않을 수 있습니다.

■ 건축물대장의 기재 및 관리 등에 관한 규칙 [별지 제2호의3서식] <신설 2017. 1. 20.>

문서확인번호 1584-1851-3045-0507

일반건축물대장(을) 변동사항

(총1쪽 중 제1쪽)

고유번호		정부24접수번호		명칭		호수/가구수/세대수 0호/0가구/0세대
대지위치	서울특별시	지번		도로명주소	서울특별시	

변동사항

변동일	변동내용 및 원인	변동일	변동내용 및 원인
		01.09	01.09. 주택과-14381 위반건축물](1층 : 점포, 10.32㎡, 판넬/판넬) - 이하여백 -

297mm×210mm[백상지(80g/㎡)]

◆본 증명서는 인터넷으로 발급되었으며, 정부24(gov.kr)의 인터넷발급문서진위확인 메뉴를 통해 위·변조 여부를 확인할 수 있습니다. (발급일로부터 90일까지)
또한 문서하단의 바코드로도 진위확인(정부24 앱 또는 스캐너용 문서확인프로그램)을 하실 수 있습니다.

있어 주의를 요한다.

60세가 넘어 은퇴하고 분당에 사는 P씨가 고시원을 인수했다. 친구 K씨가 5년 정도 운영했던 고시원이었다. 사회에서 만난 친구로 서로 관계가 좋았다. 그래서 중개사를 통하지 않고 비용 절약을 위해 직거래를 했다. 평소 돈을 잘 번다는 말을 들은 터라 별 의심 없이 인수했다. 아내와 같이 운영하면 '노후 생활비는 벌 수 있겠구나.' 생각했다.

잔금을 다 치르고 한 달이 지났는데 2가지 이상한 현상이 발생했다. 고객들이 자꾸 난방이 안 되어 춥다고 불만을 호소하는 것이다. 또 1명씩 계속 퇴실을 하는 것이다. 그때 아차 싶었다. 그러나 때는 늦었다. 한마디로 당한 것이다. 보일러는 노후화되어 교체해야 하는데 매매를 위해 임시방편으로 처리했다. 방도 입주비율을 높이기 위해 한 달만 저렴하게 할인해서 채운 것이다. 입주신청서를 보니 동일 날짜로 입주가 기록되어 있었다. P씨가 창업 초보라서 기획해서 매매하고 떠난 것이다.

시간이 지나면서 특유의 성실함으로 서서히 회복을 했지만, 정신적으로 엄청난 충격을 받았다. 많은 금액의 수업료를 지불했다. 직거래를 하면 중개수수료를 절약할 수 있지만 가능하면 중개사를 통해 거래하라. 중개사가 대신 시설물 체크를 해준다. 그리고 설령 계약이 잘못되어도 중개사 가입 보험을 통해 보상을 받을 수 있다.

이와는 다소 차이가 나지만 초보 창업자를 표적으로 삼아 허위 매물을 제시하고 계약을 유도하는 사례도 있다. 각별히 주의해야 한다. 한 번의 판단 미스로 회복하기 힘든 손실을 볼 수도 있다.

계약하기 전에 체크할 중요한 포인트를 설명했다. 다시 요약하면 자신의 투자 가능 금액, 투자할 지역, 수용 가능한 월 임대료 수준, 원하는 수익 정도를 제일 중요하게 감안해야 한다. 필자의 경험이 꼭 정답은 아니다. 하지만 운영자의 매출, 지출비용, 수익 내용이나 중개인이 제시하는 수치는 100% 신뢰할 수 없다. 꼭 본인만의 분석 툴이나 기준을 가지고 매물을 보는 것이 절대적으로 중요하다. 덧붙여 가능한 한 고시원의 시설들을 체크할 수 있는 만큼 꼼꼼히 체크하라는 것이다. 그래야만 나중에 추가적인 수리비용 지출을 줄일 수 있다.

필자도 워낙 급한 성격이긴 하지만 많은 고시원 매물을 보고 분석, 연구하면서 자신이 없을 때는 신중히 한 번 생각해보는 지혜가 필요하다는 것을 깨달았다. 필자는 급매물이 나왔다고 하면 빠른 분석을 통해 빨리 결정하는 타입이다. 물론 중복적으로 중개사를 통해서 확인을 한다. 크로스 체크를 하면 실수도 줄일 수 있고 비용도 절약할 수 있다. 옛 속담에

'돌다리도 두드리며 건너라.'는 속담이 있지 않나.

지금까지 계약 전 전반적으로 알아야 할 사항들을 언급했다.

다음 절차는 계약하기 전, 고시원 시설을 파악하는 절차이다.

2

계약하기 전, 고시원 시설 파악하기

개포점 L 총무에게서 다급하게 전화가 왔다.

"물이 안 나와 고객들이 샤워를 못하고 있습니다. 어떻게 하죠?"

"왜 물이 안 나오는지 원인 파악은?"

"시공한 분께 확인 결과 배수관이 막혀서 일시적으로 물 공급이 안 된다고 합니다. 오늘 수리하면 내일 사용 가능합니다."

"고객들에게 전체 안내문자 보내고, 불만 표시를 강하게 하는 분은 상황을 상세하게 추가로 설명하면 좋겠네요."

다행히 다음날 물이 잘 공급되었다. 저번 주에는 3호점 S 원장이 전화를 했다.

"401호와 405호 온수가 나왔다, 안 나왔다 합니다."

"전 운영자와 통화해 상태를 얘기하고, 조치 후 보일러 기사를 불러 체크 한 번 해보세요."

"어제 보일러 기사를 불러서 점검하니 보일러 노후화 때문이었고, 긴급 조치했습니다. 1년 후 교체 요망입니다."

고시원을 운영하다 보면 발생하는 흔한 사례들이다. 겨울에 난방이 잘 안 된다, 여름에 냉방이 되지 않는다, CCTV가 고장이 났다, 인터넷 연결에 오류가 있다, 세탁기가 안 돈다 등 많은 케이스가 있다.

고시원 계약 전 시설물을 상세히 파악하는 방법에 대해 기술하겠다. 기본적인 원칙은 기존 고시원을 인수할 경우 신축년도가 오래된 곳은 더욱 더 철저한 점검이 필요하다. 필자가 컨설팅하는 분들은 기존 고시원을 인수하는 경우 계약하기 전에, 그간 알고 지내는 구조변경 전문가와 같이 방문해서 전체 시설을 점검한다. 인수 후 수리, 교체할 리스트를 작성하고, 마지막에 가격 협상에 반영한다. 그래야 인수 후에 발생하는 추가비용을 줄일 수 있다.

고시원 계약 전 시설물 체크 리스트 11가지

(1) 스프링클러 설치 및 가동 여부를 점검하라. 전통형 고시원은 스프링클러가 없는 경우가 있다. 새로 설치하려면 많은 비용이 추가된다. 권리금이 없다고 계약했다가 어려움을 겪는 경우가 많다. 신소방인 경우는 스프링클러가 설치되어 있다. 제일 중요한 시설물이다.

(2) 건물이 개별냉·난방인지 공동냉·난방인지를 꼭 파악해야 한다. 실제로 시설권리금에 일정부분 영향을 미치는 부분이다. 개별이 고객들에게 편리하고 만족도가 높다. 운영자 입장에서 비용도 상대적으로 저렴하다. 공동은 고객들이 똑같은 온도로 난방 공급에 한계가 발생한다. 운영자에게도 공동비용이 추가되므로 비용이 증가된다. 추가로 겨울, 여름이 오기 전 냉·난방시설을 점검하기 바란다. 가동 후 문제가 생기면 서로 간에 난감한 경우가 발생한다. 인수한 냉방시설은 가동 전에 필터 청소나 교체를 진행해야 한다.

(3) CCTV이다. 대부분 설치되어 있다. 그래서 추가적으로 월 비용 지출이 없다. 그런데 오래된 CCTV는 제 기능을 하지 못해 무용지물인 경우가 있다. 이때에는 기존 설치한 업체에 전화해서 업그레이

드 요청을 하든지, 무인시스템을 도입하면 무료 업그레이드를 해준다. 일반 전화와 결합상품으로 해결하는 유용한 방법도 있다. 고시원 무인화 시스템을 구축할 때 가장 중요한 것이 CCTV이다.

(4) 정수기, 냉장고, 세탁기, 건조기 등이다. 정수기는 3개월에 한 번씩 보통 점검을 해준다. 냉장고, 세탁기, 건조기는 용량 크기와 작동 여부를 체크해야 한다. 그리고 어느 회사 제품인지도 확인이 필요하다. 인덕션과 전기밥솥도 살펴보자.

(5) 침대, 이불, 책상 등도 점검할 항목이다. 침대가 노후화가 심하면 교체를 해야 한다. 이불, 베개 등 침구류도 많이 색이 변했으면 탄력이 없어 교체 대상이다.

(6) 화장실, 샤워시설, 내 · 외부 시트지 등도 체크해야 한다. 화장실, 샤워시설 공사는 많은 비용이 지출될 수 있다.

(7) 누수 여부, 결로 여부도 꼭 점검해야 한다. 장판 등도 노후화를 확인하라.

(8) 내 · 외부의 고시원 간판도 체크해야 한다. 간판 수리와 교체도 추

가 비용이 발생할 수 있다. 이번에 오픈하우스 개포점 간판을 설치했다. 다행히 하루 만에 작업을 해준 덕분이다. 오픈하우스 간판은 원하는 원장님들에 한해서 전문가가 깔끔한 디자인의 간판을 안전하게 설치해 준다. 기존 고시원을 인수하는 경우는 점검하고 수리할 것이 많고 비용 지출을 수반한다. 투자 대상의 예비비 책정이 필수적이다. 당연하다는 긍정적인 생각으로 하나씩 해결하면 된다. 크게 어려운 점들은 없다.

(9) 문(도어락), 비상구, 옥상 등 안전시설과 편의시설도 점검사항이다. 기존 고시원을 인수하면 열쇠로 문을 열고 닫는 구조가 대부분이다. 이럴 경우 입주자가 열쇠를 분실하거나 다른 곳에 두고 오면, 운영자가 고시원을 방문해서 문을 열어줘야 하는 일이 발생한다. 인수 후에 시설투자를 할 때 방마다 도어락을 설치하면 이런 불편함을 해소할 수 있다. 입주고객들의 만족도 증가는 당연하다. 입주자가 만기 퇴실하면 초기화하고, 신규 입주자가 번호를 새로 설정하면 된다.

(10) 노래방, PC방 등 주변 소음시설의 존재 여부도 확인해야 한다. 너무 소음이 심하면 주거 생활에 큰 영향을 미친다.

(11) 중요 항목은 고시원 홈페이지와 블로그 등 홍보 채널이다. 홈페이지와 블로그가 잘 관리, 운영되고 있으면 입주자 모집에 많은 도움이 된다.

계약 전 고시원 시설물들을 상세히 파악해 보았다. 앞에 언급한 내용 중에 직접 해결할 수 있는 것도 있고, 전문가의 도움이 필요한 것도 있다. 아래와 같이 표를 만들어 잘 보이는 곳에 부착하면 운영자와 입주자가 편리하다.

하자 보수 처리 업체 리스트

구분	업체 명	연락처	주요 원인	비고
인터넷	ex) KT		인터넷 끊김	
정수기	ex) 웅진코웨이		냉 · 온수 이상	
보일러	ex) 귀뚜라미		온수 공급 이상	
세탁기, 건조기	ex) LG		에러코드	
냉장고	ex) 만도		에러코드	
전기밥솥	ex) 쿠쿠		증기 빠짐	
청소기	ex) 삼성		흡입력 약화	
CCTV			녹화 안 됨	
화장실			악취	
샤워기			수압이 약함	

지난겨울에 기온이 갑자기 내려가면서 세탁기 동파 문제가 발생했다.

올 겨울은 유난히 기온이 높아 사실 조금 방심을 했다. 세탁기는 1층에 있는데, 세탁실이 노출되어 내부 기온 유지가 어려운 측면이 있다. 천만다행으로 오후에 기온이 상승하면서 짧은 시간에 해결되었다. 물을 조금씩 틀어두어 예방 조치를 취했다.

만약에 문제 상황이 길어지면 입주고객들이 많이 불편할 것이다. 불만을 제기하는 것을 넘어 퇴실할 수도 있다. 기존 시설을 인수하는 경우는 신축보다 초기에 신경을 쓸 게 많다. 신축한 지 일정시간이 지났으니 어쩌면 당연하다. 그리고 그만큼 적은 투자 금액을 지불해서 인수했으니 감수할 부분이다. 신차를 구입하면 일정기간 보증기간이 존재하는 것과 비슷한 이치이다.

가장 좋은 방법은 인수 전에 전문가를 대동해서 꼼꼼히 체크하고 수리비용을 가격 협상시 반영하는 것이다. 인수 후에는 투자 대상을 투자해 보수해서 향후 발생할 수 있는 문제를 예방하는 것이 현명하다. 기존 시설 인수는 예비비 편성이 꼭 필요하다.

지금까지 계약 전 고시원 시설물 상세 파악하기에 대해 설명했다. 다음은 고시원의 매출, 비용 중요 항목 파악하기이다.

3

고시원의 매출, 비용 등 중요 항목 파악하기

고시원이라는 대상을 처음 접하고 직접 방문, 고시원 방을 보기 전 대부분의 사람들이 놀라면서 하는 말이 있다.

"황 이사! 고시원 방세가 45만 원이라고?"
"황 이사! 고시원 매출이 그렇게 많아?"
"황 이사! 고시원 월 비용이 그렇게 적어?"
"황 이사! 고시원 수익이 그렇게 많이 남아?"

과거에 필자도 고시원들을 보기 전에 이와 같이 생각했다. 특히 '방세가 50만 원이다, 월 비용이 저렇게 적게 지출된다, 수익성이 저렇게 높다.'는 이야기가 이해되지 않았다. 전공이 회계학이고 첫 직장이 증권사 기업분석가 출신이라 숫자에 민감한 필자는 더욱 이해가 어려웠다.

기업의 경우, 매출이 많아도 적자인 기업도 있다. 세전 이익 기준으로 10% 이상을 기록하면 우량한 기업이라 평가한다. 그런데 고시원은 도대체 왜 수익성이 높을까? 처음 고시원을 접할 때 참으로 궁금했던 것들이 지금은 이해가 된다. 그것은 특이한 비용 구조 때문이다. 질문을 던지고 답하는 질의응답 형식으로 설명하겠다.

Q : 고시원 방세가 45만 원이라고?

A : 오픈하우스 개포점 방당 평균 입주요금을 집계했는데 평균이 약 38만 원이었다. 노원점은 평균 40만 원에 가깝다. 고시원 방당 입주요금은 정말로 다양하다. 전통 고시원은 20만 원 정도이다. 최근에 방문한 약수역 미니룸(방 35개)은 평균 입주요금이 25만 원을 상회하는 수준이다. 약수역 혼합형(방 33개) 고시원은, 미니룸은 30만 원 초반이고, 원룸형은 40~45만 원이라 했다. 강남은 50만 원을 초과하는 곳이 많다. 새로 신축한 규모가 큰 고시원은 65만 원도 받는다. 말 그대로 고시원의 형태, 방 크기, 위치, 비성수기에 따라 가격이 천차만별이다. 고시원 업체 조사 자료에 따르면 서울 소재 고시원의 방당 평균 가격이 약 30만 4,000원이라고 한다.

Q : 고시원 매출이 그렇게 많아?

A : 앞에 언급한 고시원들 기준(입주 기준 85% 가정)으로 매출액을 대략 추정해 보겠다. 약수역 미니룸은 최대 매출액이 870만 원이고, 85%로 가정하면 방당 25만 원에 25개 입주, 약 740만 원이다. 약수역 혼합텔은 최대 매출액이 1,090만 원이고 85% 기준을 적용하면 방당 33만 원에 28개 입주, 924만 원이다. 사람에 따라서 매출금액이 크다고 느낄 수도, 적게 느낄 수도 있다. 매출 금액도 중요하지만 더 중요한 것은 비용을 감안한 수익이다.

Q : 고시원 월 비용이 그렇게 적어?

A : 고시원의 비용은 크게 고정비와 변동비로 구성된다. 전체 비용 중에서 가장 중요한 항목은 단연코 월 임대료다. 전체 비용에서 차지하는 비중이 가장 크다. 고시원 매물을 볼 때 임대보증금, 시설권리금 다음으로 체크하는 항목이다. 월 임대료를 확인할 때 부가가치세 포함 여부를 확인해야 한다. 부가세는 금액의 10%이다. 약수역 미니룸은 월세 242만 원(부가세 포함), 약수역 혼합텔은 월세 264만 원(부가세 포함), 개포점은 월세 420만 원(부가세 포함)이다. 대체적으로 월세가 저렴한 편에 속한다. 강남권에서는 월세가 500만 원을 넘고 700~800만 원도 허다하다. 신사역 주변의 매수 타진한 고시원도 월 임대료 682만 원이었다. 월세는 불황으로 매출 부진이 발생할 때 특히 중요한 항목이다. 입주비율이 심하게

떨어지면 적자를 기록할 수도 있다. 고시원별로 크게 편차가 없다. 계절별, 공동 또는 개별 냉 · 난방에서 다소 차이가 존재한다. 매출 대비 변동비가 10%대 정도이니, 일반기업과 비교하면 엄청나게 낮은 비율이다.

Q : 그렇게 수익이 많이 남아?

A : 결론적으로 말하면 매출 대비 높은 수익률이다. 모든 업종이 손익분기점을 지나면 수익이 급증하는 구조이다. 고시원도 비슷하다. 고정비와 변동비가 거의 일정한 상태에 매출 증가는 수익과 바로 직결된다. 그래서 고시원을 운영하는 분들의 최고 관심사가 매출, 즉 공실률을 낮추는 것이다.

앞에 언급한 약수역 혼합형 매물을 최근 보고 왔다. 이번 주에 소개한 고객 중 한 분이 계약할 것이다. 임대보증금 5,000만 원, 시설권리금 8,000만 원, 월세 264만 원이다. 약수역에서 도보로 1분 거리의 초역세권이다. 3층 전체 33개(원룸형 16개, 미니룸 17개)로 구성되어 있다.

고려할 점은 신축한 지 10년이 지났다는 점이다. 초기에 일정액의 수리비를 지출해야 한다. 이곳의 수익 분석을 해보면, 현재 29개실 입주(4개 공실), 방당 평균 33만 원으로 계산하면 매출 957만 원이다. 총 비용은 고정비가 월세 264만 원, 변동비 100만 원, 기타(수리비) 20만 원, 광고비 30만 원(임의적 책정)이라고 하면 보수적으로 계산해도 세전 410만 원이다. 시설권리금 8,000만 원을 회수하는 데 2년이면 된다. 시설권리금 8,000만 원 투자 시 연 50%를 초과하는 높은 수익률이 예상된다. 운영자가 누적된 수익금이 많아 신규 인수해서 지불할 수리비를 감안하면 시설권리금의 협상 여지가 있다.

사람마다 다르지만 필자가 보기에는 아주 좋은 고시원이다. 운영을 하다가 건물주에게 월 임대료 인상에 대해 이해를 구하고, 구조변경을 하기에도 아주 좋은 물건이다. 변동비 항목 중에서 비용 절약이 가능한 항목들을 한 번 찾아보자.

겨울에는 가스요금, 여름에는 전기요금이 변동항목에서 차지하는 비중이 가장 큰 부분이다. 절약 방법은 냉 · 난방에 낭비가 일어나지 않도록 온도 조절을 잘하는 방법이다. 다른 방법은 냉 · 난방에 비효율이 발생하지 않도록 타이머 시설을 추가로 하는 것이다. 그리고 중앙난방보다 개별난방 비용이 다소 적으므로 매물을 볼 때 꼭 감안해야 한다.

쌀, 반찬 등 부식비는 고시원마다 다소 차이가 있다. 직장인 비중이 높은 고시원은 상대적으로 지출 비중이 낮다. 질 좋은 제품을 저렴하게 구입하기 위한 노력으로 비용을 줄일 수 있다. 광고비는 고시원별로 금액 차이가 크다. 꾸준히 블로그 등 홍보를 계속하는 고시원은 비용 지출이 적지만, 돈으로만 하는 곳은 전체 변동비에서 광고비 지출이 차지하는 비율이 매우 높다. 사례를 들었던 5,000만 원으로 창업한 M 아주머니의 사례는 광고비를 지출하지 않고 블로그를 통해 엄청난 매출을 기록한 경우이다. 블로그를 통한 적극적인 고객 유치가 1억 원 차액을 남기고 매각할 때 활성화된 블로그도 일정부분 권리금에 포함되었다.

서두에 몇 가지 질문을 던지면서 시작했다. 결론에서 질문에 대해 한 줄로 답을 하면서 마무리하겠다.

Q : 황 이사! 고시원 방세가 45만 원이라고?

A : 네 맞습니다. 서울 평균 30만 4,000원이고, 개포점은 38만 원, 노원점은 평균 40만 원입니다.

Q : 황 이사! 고시원 매출이 그렇게 많아?

A : 네 맞습니다. 개포점 매출이 전년 기준 1,100만 원 정도입니다.

Q : 황 이사! 고시원 월 비용이 그렇게 적어?

A : 네 맞습니다, 고정비는 월세이고, 변동비는 광고비를 제외하고,약 월 200만 원입니다.

Q : 황 이사! 고시원 수익이 그렇게 많이 남아?

A : 네 맞습니다. 고시원마다 다소 차이는 있지만, 어떤 업종보다 매출

대비 수익률이 높습니다.

다음은 양도인과 계약 시 중요한 특약사항이다.

4

양도인과 계약 시 중요한 특약사항

개포점을 계약할 때의 에피소드이다. 평소 때부터 거래하던 M 실장이 급하게 전화를 했다. "대표님, 급매물이라 빠른 검토가 필요합니다. 어서 방문해서 보세요." 정말로 엄청 저렴한 권리금으로 물건이 나와서 바로 고시원을 방문했다. 3, 4층으로 구성되어 있는데 3층을 30초만 둘러보고 M 실장에게 전화했다. "계약할 테니 시간 약속 잡아요."

왜냐하면, 좋은 물건인 경우 상대방이 기다려 주지 않는다.

2월에 컨설팅을 받은 O씨에게 바로 전화를 해서 오라고 했다. M 실장 덕분에 2시간 후에 계약을 할 수 있었다. 두 분은 공동운영자인데 한 분은 미국으로 이사를 가야 하고, 한 분은 제주도로 떠나야 하는데 코로나19의 영향으로 공실이 생기면서 매각에 노심초사를 한 것이다. 작년까지는 거의 만실로 운영되었으며, 수익성이 매우 좋은 편이었다. 연초에 계속해서 운영할 것으로 생각해서 보일러, 세탁기 등을 교체하는 등 시설투자도 한 상황이었다. 인수할 때에는 공실이 9개 있었다. 공실을 시설권리금에 반영하여 적은 금액으로 지불하고 인수를 했다. 계약 중에도 양도인들이 들락거리면서 고민하는 흔적이 역력했다. 다른 부동산에 나간 가격에 비해서도 2,000만 원 저렴하게 가격을 지불했다. 후문에 의하면 3명의 대기자가 있는데 필자에게 매각함으로써 M 실장이 대기자에게 꽤나 시달린 모양이다. 지난 일이지만 공동운영으로 두 분이 팔고자 하는 의지가 강했기에 할인을 해준 것으로 판단했다.

현재는 현 원장님의 노력으로 공실이 3개로 줄어들었다. 조만간에 만실을 기대해 본다. 계약을 진행하다보면 여러 상황들이 있다. 사소한 이유로 계약이 취소되는 경우도 종종 있다.

꼭 알아두자! '포괄 양도양수 계약서'

양도인과 계약 시 알아야 할 중요한 특약사항은 오픈하우스 개포점 계약 때 작성한 부동산 포괄 양도양수 계약서를 토대로 설명하겠다. 부동산 포괄 양도양수 계약서를 작성하는 것은 실제 고시원을 시작할 때 매우 중요한 절차이다. 미리 고시원이 무엇인지, 왜 고시원을 창업하는지, 고시원 운영방식과 고시원의 종류들도 알아봤다. 고시원 매물도 봤고, 수익성

분석도 하고서 이제 계약을 하는 것이다. 부동산 포괄 양도양수 계약서는 단어 그대로 시설권리에 대한 대금을 지불하고, 권리를 얻는 것이다. 단순하게 시설권리금에 계약금 10% 지불하는 계약을 하는 것이다. 그러나 실제는 단순한 10% 계약금 지급이 아니라 혹시 모를 사항에 대비하는 특약사항이 중요하다. 지금부터 상세히 설명하겠다.

포괄사업 양도양수 계약서 양식

1. 부동산의 표시란에는 인수할 부동산의 주소, 면적, 업종, 상호가 표시된다.

2. 흔히 말하는 권리금(시설권리금액)이 적혀있다. 한글과 숫자로 표기한다. 인수 후, 운영을 통해 최대한 빨리 회수해야 할 금액이다.

3. 계약 내용이 제1조부터 제8조까지 나열되어 있다. 계약금은 권리금의 10%이다. 보통 잔금 치를 때까지 기간이 짧으므로 중도금은 생략하고, 권리금의 90%를 지불하는 잔금일만 정한다. 제7조의 중개수수료에 대해서 설명하겠다. 중개수수료는 임대보증금, 월 임대료×100(환산금액)을 곱한 금액에 0.9%가 중개수수료이다. 필자는 계약 시 미리 중개수수료 금액을 결정한다. 잔금 시에 중개수수료 때문에 논쟁하는 것을 싫어해

부동산 권리(시설) 양도양수 계약서

본 부동산 권리에 대하여 양도인과 양수인은 쌍방은 다음과 같이 합의하고 부동산 권리양도 계약을 체결한다.

1. 부동산의 표시

소 재 지	서울시 강남구		
상 호	00 하우스	면 적	
업 종		허가(신고)번호	

2. 계약 내용

제1조 **[목적]** 위 부동산에 대하여 권리양도인과 양수인은 합의에 의하여 다음과 같이 권리양수도 계약을 체결한다.

총 권리금	金구천만 원정	원정(₩90,000,000원)
계 약 금	金일천만 원정	원정은 계약 시에 지불하고 영수함.
중 도 금	金	원정은 년 월 일에 지불하며,
	金	원정은 년 월 일에 지불하며,
잔 금	金팔천만 원	원정은 년 월 일에 지불한다.
시설비품내역	현재 영업 중인 고시원 시설 비품 일체 그대로 인수인계함	

제2조 **[영업권리]** 양도인은 영업권 행사를 방해하게 하는 제반 사항을 모두 제거하고, 잔금을 수령함과 동시에 양수인이 즉시 영업할 수 있도록 모든 시설 및 권리를 인계하여 주어야 한다.

제3조 **[제세공과금]** 위 부동산에 관하여 발생한 수익의 귀속과 제세공과금 등의 부담은 위 부동산의 인도일을 기준으로 하여 그 이전까지는 양도인에게 그 이후의 것은 양수인에게 각각 귀속한다. 단, 지방세의 납부의무 및 납부책임은 지방세법의 규정에 따른다.

제4조 **[계약의 해제]** ① 양수인이 중도금(중도금약정이 없을 때는 잔금)을 지불하기 전까지 양도인은 계약금의 배액을 배상하고, 양수인은 계약금을 포기하고 본 계약을 해제할 수 있다.

제5조 **[계약의 무효]** 상가, 점포의 매매 또는 임대차 계약이 해제될 경우 본 권리양도 계약은 무효로 한다.

제6조 **[의무불이행과 손해배상]** ① 양도인 또는 양수인에게 본 계약상의 채무불이행이 있었을 경우에는 그 상대방은 불이행을 한 자에 대하여 서면으로 이행을 취소하고, 계약을 해제할 수 있다. ② 계약이 해제된 경우 양도인과 양수인은 각 각 상대방에 대하여 손해배상을 청구할 수 있다. 손해배상에 대하여 별도 약정이 없는 한, 제4조이 기준에 의한다.

제7조 **[중개수수료]** 용역비(중개업자의 보수)는 본 계약체결과 동시에 당사자 쌍방이 각 각 (환산가액의 0.9%) 지불한다. 중개업자의 고의나 과실 없이 본 계약이 무효, 취소 또는 해약되어도 중개수수료는 지급한다.

3. 소유자와의 임대차 계약 내용

소유자 인적사항	성 명	김 0 0	연락처	
	주 소	서울시		
임대차 관계	임차보증금	金육천만 원(₩60,000,000원)	월차임	金사백이십만 원(₩420만 원), 부가세 포함
	계약기간	20 년 월 일부터 20 년 월 일까지 (개월)		

특약사항 : 별지첨부

본 계약을 증명하기 위하여 계약당사자가 이의 없음을 확인하고 각자 서명 · 날인한다. 2020 년 월 일

양도인	주 소	서울시 노원구					印
	주민등록번호	500000-1000000	전화	010-0000-0000	성명	임 0 0	
양수인	주 소	서울시					印
	주민등록번호	800000-1000000	전화	010-0000-0000	성명	이 0 0	

중개업자	사무소소재지	서울특별시 강남구			
	등록번호	9000-1000	사무소명칭	000공인중개사사무소	印
	전화번호	010-0000-0000	대표자성명	박 0 0	
	사무소소재지				
	등록번호		사무소명칭		印
	전화번호		대표자성명		

서다. 예를 들어 계산 편의상 보증금 1억 원, 시설권리금 1억 원, 월 임대료 500만 원(환산금액 500만 원×100=5억)이면, 임대보증금 1억 원에 더하기 환산금액 월 임대료 환산금액 5억 원을 합치면 6억 원의 0.9%인 540만 원이다. 필자는 지금까지는 중개수수료를 0.9% 이상 기분 좋게 지불했다. 더 좋은 물건을 부탁드리는 의미에서다.

4. 소유자와 임대차 계약 내용으로 임대보증금, 월세(차임)와 소유자 성명, 주소, 임대차 기간이 표기되어 있다. 임대차 기간은 주의해서 계약서 작성을 해야 한다. 현재는 법 개정으로 임차인이 원하면 10년간 갱신을 통해 임대차기간 보호를 받는다.

임대인이 월세를 인상할 경우는 5% 이내에서 인상 가능하다. 그 다음이 부동산 포괄 양도양수 계약서의 핵심인 특약사항이다. 특약사항에 꼭 들어갈 내용을 나열하겠다. 보통의 경우 계약서 지면에 한계가 있어, 추가로 별도의 용지에 적어서 날인하는 방법을 사용한다.

(1) 안전시설 등 완비증명서 발급은 양도인 책임이며, 미 발급 시 계약 해지 : 가장 중요한 조항이다. 안전시설 등 완비증명서 미 발급 시 영업을 할 수가 없다.

(2) 임대차 잔여기간 승계 여부 및 갱신조항 포함 : 임대차 계약기간에

대한 조항이다.

(3) 계약 시와 잔금 지급 시 공실 차이가 큰 경우 계약 해지 : 초보 창업자는 중요한 조항이나, 노하우가 있는 기존 운영자는 크게 중요하지 않다. 차이가 큰 경우는 시설권리금 인하를 요청할 수 있다.

(4) 관리비, 수도세, 전기세 등 변동비용이 사전 제시한 비용과 큰 차이 발생 시 계약해지 : 이 경우는 거짓 정보를 주었기에 수익의 차이가 발생한다. 계약을 파기하든지 권리금 인하를 요구해야 한다.

(5) 위반 건축물이 있는 경우 해소의 책임은 임대인, 운영자 책임이고 이행보증금 과태료는 임대인이 지급해야 한다는 조항이다. 하단에는 양도인(운영자), 양수인(매수인), 공인중개사의 인적사항과 전화번호 등이 기록되어 있다. 내용들을 확인하고 도장을 찍고, 계약금 10%를 송금하면 부동산 포괄 양도양수 계약서가 마무리된다.

포괄 양도양수 계약서는 고시원 창업의 임대차 계약서와 함께 중요한 계약서 중의 하나이다. 어떤 문제와 분쟁이 생기면 우선적으로 계약서로 판단한다. 사전에 정확한 지식을 가지고 있어야 문제의 소지를 예방할 수 있다. 물론 중개사가 알아서 도와준다. 그렇지만 알고서 도움을 받는 것과 그렇지 않은 것은 많은 차이가 난다. 세상에 믿을 사람이 없다는 이야기를 한다. 중개사를 믿어야겠지만 100% 내 편이라 할 수는 없다. 특약사항을 적다 보면 서로간의 이견차가 존재한다. 당연하다. 돈이 결부되어 있기에 쉽게 양보할 사람은 없다. 안전시설 등 완비증명서, 임대차 잔여기간 승계, 위반 건축물 임대인 책임 항목은 가장 중요한 특약사항이므로 꼭 계약서에 추가하도록 해야 한다. 이제 포괄 양도양수 계약이 마무리되었다. 다음은 빠른 시일 내에 임대인을 만나 임대차 계약서를 작성하는 절차이다.

예비창업자에게 도움을 주고자 계약 시 작성한 특약사항을 아래에 표기한다.

(1) 포괄 양도양수한다.
(2) 현 시설 상태의 계약이며, 각종 서류(등기부등본, 건축물대장, 토지이용계획안) 확인 후 계약을 체결한다.
(3) 안전시설 등 완비증명서의 명의변경을 위해 소방서 사전점검을 하며, 지적사항에 대한 수리비용은 양도인이 책임진다. 명의변경이 불가할 경우 조건 없이 해약한다.
(4) 각종 공과금과 임차료는 잔금일을 기준으로 계산하며, 잔금 전날까지의 비용은 양도인이 지불한다.

(5) 기타 사항은 민법 및 상가임대차보호법에 따르기로 한다.

(6) 입주요금은 입주일 기준으로 잔금 지급 전에 입금된 것은 양도인이 갖고, 예약금 및 2개월 이상 선불금(1개월을 뺀 나머지)은 양수인이 가지며, 미수금은 양수인이 받아서 준다.

(7) 임차료 인상 시에는 양수인의 결정에 따라 해약할 수 있다.

이어서 임대인과 계약 시 알아야 할 특약사항을 알아보자.

5

임대인과 계약 시 알아야 할 특약사항

임차를 하면 잘 되든 안 되든 고민이다

상가를 임차해서 장사를 하게 하면 2가지 고민이 생긴다. 하나는 '장사가 너무 잘 되는데 갑자기 가게를 비워 달라고 하면 어떡할까?'이고, 또 하나는 '너무 안 되는데 잔여 계약기간 임대료를 어떡할까?'이다. 돈이 개입되면 온순한 사람도 싸움꾼으로 만드는 것이 임대차 계약이다.

전 회사 근무 시 화성시 사옥은 5개 층 건물 전체를 임대주고 있었다. 2층에는 일식당이 임차를 해서 장사를 하고 있다. 그런데 갑자기 3개월 이상 월 임대료와 관리비가 밀렸다. 전화 통화를 해서 이유를 물어 보고, 빨리 처리하길 바란다고 당부하면서 전화를 끊었다. 다행이 잘 마무리가 되었다. 법인은 회계 감사를 받기에 한 달만 추가로 연체되었으면 계약을 해지해야 하는 불행한 일이 발생할 뻔했다. 임대차 계약서 조항을 보면 3개월 이상 연체하면 계약해지와 원상복구를 하는 조항이 있다. 임차인은 엄청난 재산상의 손실을 부담해야 한다. 2층 식당 사장님은 현재도 계속해서 식당을 잘 운영하고 계신다.

임대인과의 임대차 계약서 작성은 고시원 창업 절차상 가장 중요한 과정이다. 특히 신축을 통한 고시원 창업은 투자 금액이 크므로 계약기간이 더욱 중요하다. 중도에 계약기간이 종료되면 투자 금액은 물론이고 원상복구에 따른 비용 지출로 엄청난 금전적인 손해를 떠안게 된다. 중도에 인수를 통한 창업도 시설권리금을 지불한 상태이므로 계약기간이 중요하다.

또한 월 임대료는 고시원 수익을 좌우하는 가장 중요한 고정비용 항목이다. 최근에는 법이 개정되어 새롭게 계약하는 임대차 계약은 계약기간을 10년까지 갱신할 수 있다. 참으로 임차인에게는 유리한 법률 개정이다. 임차기간 재계약 시점이 다가오면 '월 임대료를 얼마나 올릴까?' 노심초사하게 된다. 임대인이 임대료를 인상할 수 있는데 인상률의 기준은 무엇일까? 상한선이 정해져 있는지 한 번 알아보겠다.

상가임대차보호법의 적용대상이 되는지, 아닌지에 따라 임대료 인상률의 기준이 다르다. 상가임대차보호법의 적용 대상은 지역별 환산보증금이 서울시 9억 원, 수도권 및 과밀억제권역, 부산 6.9억 원, 광역시 5.4억 원, 기타는 3.7억 원이다. 환산보증금의 계산 방법은 {보증금+(임대료×100)}이다. 대부분 보호대상이며, 보호대상에 해당할 경우 1년 5%로 인상률이 제한된다. 계약기간 내도 1년 지나면 월 임대료를 증액할 수 있다. 물론 협의사항이다. 계약 당시 특약으로 계약기간 내 임대료의 인상은 없다고 협의되었으면 인상할 수 없다. 환산보증금이 초과하는 경우 임대료 상한 기준이 없다. 여기서 유의할 사항은 시설권리금은 환산보증금에 포함되지 않는다는 점이다.

[예시]

보증금 1억 원, 월 임차료 300만 원(부가세 별도), 서울시 지역인 경우

(1) 환산보증금 : 1억 원 + (300만 원×100) = 4억 원(상가임대차보호법 적용대상)

(2) 인상률 상한선 : 5%를 적용하는 경우, 간단하게 계산하면 월 315만 원이다. 15만 원 인상이다. 15만 원(부가세 별도)이 적은 금액일 수도 있지만, 사라지는 돈이므로 소중한 돈이다.

다음으로 한국공인중개사협회 양식에 준한 부동산 임대차 계약서를 통해 특약사항을 살펴보겠다.

부동산임대차계약서

☐ 전세 ☑ 월세

1. 부동산의 표시 임대인과 임차인 쌍방은 아래 표시 부동산에 관하여 다음 내용과 같이 임대차계약을 체결한다.

소재지	서울시 강남구			
토 지	지 목	대	**면 적**	㎡
건 물	구조 · 용도	철근콘크리트구조	**면 적**	㎡
임대할 부분	본 건물 지상 3, 4층		**면 적**	㎡

2. 계약 내용

제1조 **(목적)** 위 부동산의 임대차에 한하여 임대인과 임차인은 합의에 의하여 임차보증금 및 차임을 아래와 같이 지불하기로 한다.

구분	금	내용
보증금	금	육천만 원정(₩60,000,000)
계약금	금	일천만 원정(₩10,000,000)은 계약 시에 지불하고 영수함. 영수자(㉑)
중도금	금	원정은 년 월 일에 지불하며
잔 금	금	오천만 원정(₩50,000,000)은 2020년 월 일에 지불한다.
차임	금	사백이십만 원정(₩4,200,000, 부가세 포함) 후불로 매월 일에 지불한다.

제2조 **(존속기간)** 임대인은 위 부동산을 임대차 목적대로 사용 · 수익할 수 있는 상태로 년 월 일까지 임차인에게 인도하며, 임대차 기간은 인도일로부터 년 월 일까지로 한다.

제3조 **(용도변경 및 전대 등)** 임차인은 임대인의 동의 없이 위 부동산의 용도나 구조를 변경하거나 전대 · 임차권 양도 또는 담보제공을 하지 못하며 임대차 목적 이외의 용도로 사용할 수 없다.

제 4조 **(계약의 해지)** 임차인 2기 차임을 연체하거나 임차인이 제3조를 위반하였을 때 임대인은 즉시 본 계약을 해지 할 수 있다.

제5조 **(계약의 종료)** 임대차계약이 종료된 경우에 임차인은 위 부동산을 원상으로 회복하여 임대인에게 반환한다. 이러한 경우 임대인은 보증금을 임차인에게 반환하고, 연체 임대료 또는 손해배상금이 있을 때는 이들을 제하고 그 잔액을 반환한다.

제6조 **(계약의 해제)** 임차인이 임대인에게 중도금(중도금이 없을 때는 잔금)을 지불하기 전까지, 임대인은 계약금의 배액을 상환하고, 임차인은 계약금을 포기하고 본 계약을 해제할 수 있다.

제7조 **(채무불이행과 손해배상)** 임대인 또는 임차인이 본 계약상의 내용에 대하여 불이행이 있을 경우 그 상대방은 불이행한 자에 대하여 서면으로 최고하고 계약을 해제 할 수 있다. 그리고 계약 당사자는 계약해제에 따른 손해배상을 각각 상대방에 대하여 청구할 수 있다.

제8조 **(중개보수)** 개업공인중개사는 임대인과 임차인이 본 계약을 불이행함으로 인한 책임을 지지 않는다. 또한, 중개보수는 본 계약체결과 동시에 계약 당사자 쌍방이 각각 지불하며, 개업공인중개사의 고의나 과실 없이 본 계약이 무효 · 취소 또는 해제되어도 중개보수는 지급한다. 공동중개인 경우에 임대인과 임차인은 자신이 중개 의뢰한 개업공인중개사에게 각각 중개보수를 지급한다.(중개보수는 거래가액의 %로 한다.)

제9조 **(중개대상물확인설명서 교부 등)** 개업공인중개사는 중개대상물 확인 · 설명서를 작성하고 업무보증관계증서(공제증서 등) 사본을 첨부하여 계약체결과 동시에 거래당사자 쌍방에게 교부한다.

특약사항
1. 전기비용, 수도요금 기타 제세공과금 부가가치세는 별도로 한다
2. 일반관리비 포함, 특별사항 없는 경우 2년 후 재 갱신한다.
3. 임대인은 시설권리금은 인정하지 않는다.

본 계약을 증명하기 위하여 계약 당사자가 이의 없음을 확인하고 각각 서명 · 날인 후 임대인, 임차인 및 개업공인중개사는 매장마다 간인하여야 하며, 각각 1통씩 보관한다. 년 월 일

임대인	**주 소**	서울시 강남구						
	주민등록번호			**전 화**	010-0000-0000	**성명**	임 0 0	㉑
	대 리 인	주소		**주민등록번호**		**성명**		
임차인	**주 소**	서울시						
	주민등록번호			**전 화**	010-0000-0000	**성명**		㉑
	대 리 인	주소		**주민등록번호**		**성명**		

개업공인중개사	**사무소소재지**	서울시 강남구		**사무소소재지**		
	사무소명칭	000공인중개사무소		**사무소명칭**		
	대 표	서명및날인	㉑	**대 표**	서명및날인	㉑
	등록번호	9000-10000	**전화** 010-0000-0000	**등록번호**		**전화**
	소속공인중개사	서명및날인	㉑	**소속공인중개사**	서명및날인	㉑

임대차계약서 내용은 아래와 같이 구성되어 있다.

(1) 부동산의 표시(임대인과 임차인 쌍방은 아래 표시 부동산에 관하여 다음 내용과 같이 임대차 계약을 체결한다), 즉 소재지(주소), 토지(지목), 면적 다음은 건물(구조, 용도) 면적이 표기되어 있다. 건물 면적 중에 임대할 부분 면적이 따로 표시된다.

(2) 계약 내용(제1조 목적 : 위 부동산의 임대차에 대하여 임대인과 임차인은 협의에 의하여 임차보증금 및 차임을 아래와 같이 지불한다)에는 보증금, 계약금. 중도금, 잔금, 차임과 지급날짜로 구성되어 있다. 계약금은 전체 보증금의 10%를 계약 시 지불하고, 중도금은 잔금일까지 기간이 짧은 경우 생략한다. 잔금은 전체 보증금의 90%를 지불한다. 임대인은 계약 시에만 한 번 나오고, 잔금 지급 시는 보통 안 나오는 경우가 많다.

제2조(존속기간)는 흔히 말하는 계약기간이다. 보통 2년 기간으로 작성하고 추가 연장한다. 제3조(용도변경 및 전대 등)로 임대인 허락 없이 용도변경이 불가하고, 임차한 목적물을 재임차하는 전대는 금지된다.

제4조(계약의 해지)는 임차인이 차임연체액이 2기의 차임액에 달하거나

제3조를 위반하였을 때 임대인은 즉시 본 계약을 해지할 수 있다. 보통의 상가 계약은 3개월 연체하는 경우 계약해지를 할 수 있는데, 고시원은 2개월이다. 잘 숙지해서 절대 피해를 보지 않도록 해야 한다.

제5조(계약의 종료)는 임차인이 계약 종료 시 원상복구 조항이다. 원상복구의 기본적인 개념은 임차하기 전 상태를 말한다.

제6조(계약의 해지), 제7조(채무불이행과 손해배상), 제8조(중개수수료), 제9조(중개대상물확인, 설명서 교부 등)는 일반 상식적인 내용이다. 그 다음이 특약사항이다.

독자들에게 실제 도움을 드리고자 개포점 계약서 작성 시 포함된 특약사항을 아래에 언급한다.

(1) 전기세, 수도세 기타 제세공과금 부가가치세는 별도로 한다.

(2) 일반관리비 포함. 특별사항이 없을 시 2년 후 재 갱신한다. 가장 중요한 항목으로 2년 후에 계약이 연장된다는 내용이다.

(3) 임대인은 시설 및 권리금은 인정하지 않는다. 시설권리금은 운영자

간의 문제이기 때문이다. 그리고 하단에는 임대인, 임차인, 중개업자 주소, 인적사항과 도장 날인이 있다.

임대차 계약은 임대보증금, 월 임대료, 계약기간(존속기간)과 기본 내용도 중요하지만 계약기간 갱신 여부와 월 임대료 인상 여부가 더욱 중요하다. 필자는 가능하면 중개인을 통해 사전에 계약기간 갱신과 월 임대료 인상 여부를 타진하고 계약을 진행한다. 또 과거에 월 임대료를 인상한 경험이 있는지도 양도인이나 중개인을 통해서 사전 질의를 해 본다.

사람마다 나름의 방식이 있겠지만 필자가 접근하는 방법이 조금이라도 도움이 되었으면 좋겠다. 이제까지 양도인과 포괄 양도양수도 계약에 이어 임대인과 임대차 계약도 마무리되었다. 안전시설 등 완비증명서 발급 신청을 위해 임대차 계약서가 필요하므로 부동산 포괄 양도양수 계약서 작성 후 빠른 시일 내에 임대인과 임대차 계약서를 작성하는 것이 창업하는 데 시간을 절약할 수 있는 방법이다. 유용한 팁이니 잘 기억하길 바란다.

다음은 안전시설 등 완비증명서를 신청하러 소방서를 방문하는 절차이다.

6

안전시설 등 완비증명서 신청 시 준비서류

안전시설 등 완비증명서는 가장 중요한 증명서이다

임대차 계약이 완료되었으면 고시원 창업을 위한 중요한 절차가 끝났다. 추가로 할 일은 안전시설 등 완비증명서와 사업자등록증 발급이다. 과거에는 '소방필증'이란 용어로 많이 사용되었지만, 안전시설 등 완비증명서가 정확한 용어이다. 발급받기 위해서는 서류가 필요하다. ① 임대차 계약서, ② 소방안전교육 이수증명서, ③ 화재배상 책임보험, ④ 소방완비증명서 발급을 위한 설계도(소방공사업체)이다. 그러면 관할소방서에서 정해진 날짜에 업소를 방문해서 현장 확인 실사를 하고, 이상이 없으면 안전시설 등 완비증명서를 발급해 준다. 여유 있게 1주일이면 가능하다.

소방안전교육 이수증명서

이수번호 : 제 2020-00049-036471호
과 정 명 : 다중이용업 소방안전교육(신규)
수 료 일 : 2020년 05월

성 명 :
생년월일 :
업 소 명 : 오픈 하우스
업소주소 : 서울 강남구

위 사람은 「다중이용업소의 안전관리에 관한 특별법」 제8조제1항 및 같은 법 시행규칙 제5조제8항에 따라 소방안전교육을 이수하였음을 증명합니다.

소 방 청 장
한국소방안전원장

소방안전교육 이수증명서는 다중시설(쉽게 말해서 여러 사람들이 생활하는 시설) 영업을 위해 다중이용업 소방안전교육(신규)을 사이버로 교육받으면 발급받을 수 있다. 인터넷으로 접속해서 대표자가 신청하면 교육 이수가 가능하다.

화재배상 책임보험은 타인의 신체, 재산상의 손해를 보상해주는 보험이니, 고시원 시설처럼 많은 사람들이 이용하는 곳은 의무적으로 가입해야 한다. 건물주가 가입하게 되어 있는 화재보험과는 다르게 다중이용업소 운영자가 가입해야 하는 보험이다.

KB금융그룹 KB손해보험

보험증권
(무)KB홈앤비즈케어종합보험(20.04)(22930)

계약 내용 / 보험료

계약 내용		보험료	
계약자 | 증권번호			
다중이용업일련번호	MU-11-2013-750784	1회보험료	30,270원
계약형태	5년납 5년만기 | 실손보상형	보장보험료	30,270원
보험기간	2020-05-07~2025-05-07	적립보험료	0원
납입형태	월납 | 자동이체	보험료할인	적용된 할인 없음
만기수익자	원영희 | 수익자 지정약정 : Y		
예상만기환급금	만기시 적립액		
장애인 전용보험 전환특약	미가입		
계약자주소	(직장)(06312) 서울 강남구 *** **** ******** **********		

※ 보험증권은 계약체결의 단순 확인사항이며, 담보 및 가입 금액이나 보험금을 지급하지 아니하는 사유 등 계약내용 및 담보별 상세내용은 청약서 및 보험약관에 따라 결정됩니다.

재물보험 가입내용 : 목적물명_오픈하우스

소재지1 | 소유자	(06312) 서울 강남구 | 계약자와의 관계 : 본인
급수 | 건물구조	건물급수 : 1급 | 건물구조 : 철근콘크리트조, 슬래브, 콘크리트 | 면적 : 326.0㎡
업종	실제업종 : 0380 고시원 | 요율업종 : 0059 비디오물감상실, 전화방, 화상대화방, 노래연습장
수용장소(기타상세)	지상3층, 4층 326m2내 수용

목적물	보장명 및 보장내용	가입금액	납입보험기간
건물	**화재손해(실손)(기본계약)** 보험기간중 화재(벼락포함), 소방, 피난 손해발생시 실손보상 ※단, 전용주택의 경우 폭발, 파열로 인한 손해도 보상 -잔존물의 해체비용, 청소비용(오염물질 제거비용 제외) 및 차에 싣는 비용 발생시 실손보상 ※단, 화재손해액의 10% 한도이며 화재손해보험금과 잔존물제거비용 합계액은 보험가입금액 한도를 초과할 수 없음	1억원	5년/5년
	유리손해(실손) 보험기간 중에 보험의 목적인 건물에 부착되어 있는 판유리에 아래와 같은 사고로 생긴 파손 손해(유리 부착비용 포함)를 보상 (자기부담금 : 1사고당 2만원) 1. 태풍, 회오리바람, 폭풍, 폭풍우 2. 냉해, 수해 3. 다른 물체와의 충돌 또는 접촉 4. 파열 또는 폭발 5. 제3자의 비행 또는 과실 6. 그 밖의 돌발적인 사고	1백만원	5년/5년
집기	**화재손해(실손)(기본계약)** 보험기간중 화재(벼락포함), 소방, 피난 손해발생시 실손보상 ※단, 전용주택의 경우 폭발, 파열로 인한 손해도 보상 -잔존물의 해체비용, 청소비용(오염물질 제거비용 제외) 및 차에 싣는 비용 발생시 실손보상 ※단, 화재손해액의 10% 한도이며 화재손해보험금과 잔존물제거비용 합계액은 보험가입금액 한도를 초과할 수 없음	1억원	5년/5년

KB마크가 있는 경우에만 원본으로 인정됩니다. KB마크 대표이사 사장 양종희

고객콜센터(상담 및 문의) 1544-0114 | 홈페이지 www.kbinsure.co.kr m.kbinsure.co.kr | 영업담당자 수도GA3-프런티어2지점 \| 유퍼스트인스웨이지사보험대리점(조성미) \| ☎010-4309-8707 | 발급일시 2020-05-07 15:02:32

20202343189 (계약자용) - 1/4 - 20200507150252290305315

필자는 보험사에서 화재보험 가입을 위해 MU 일련번호를 가르쳐 달라는데 난생 처음 듣는 말이라 물어볼 데도 없고 해서 짧은 시간이지만 당황했던 기억이 있다. 구조개선한 전 운영자가 가르쳐 줬으면 간단히 해결될 일이었다.

필자가 이 책에서 상세하게 모든 내용들을 언급하는 이유가 여기에 있다. 알고 나면 아무것도 아니지만 누구나 처음이고 모르면 당황하기 때문이다. 여기서 중요한 포인트는 화재보험 가입을 위해서 MU 일련번호가 꼭 필요하다. 인수할 때 전 운영자에게 꼭 물어보기 바란다. 보통은 고시원에 게시되어 있다.

신축으로 고시원 창업 시에는 증명서 발급이 무척이나 까다로운 절차이다. 기존 것을 인수하는 건, 한 번 기준을 통과했으므로 상대적으로 쉽다. 신축한 지 오래된 고시원은 소화기 등 장비의 교체가 있을 수도 있다. 안전시설 등 완비증명서를 그림으로 첨부한다.

■ 다중이용업소의 안전관리에 관한 특별법 시행규칙 [별지 제7호서식]

제2012-243호

안전시설등 완비증명서(재발급)

『다중이용업소의 안전관리에 관한 특별법』 제9조 제5항 및 같은 법 시행규칙 제11조 제2항에 따라 안전시설등을 확인한 결과, 같은 법 시행규칙 별표 2에 적합하게 설치되었음을 증명합니다.

2020년 5월 [illegible]

강 남 소 방 서 장

업 소 명	오픈하우스	주 소	강남구 [illegible]
사업(대표)자	[illegible]	업 종	고시원
규 모	구조 : RC조, 지상5층/지하1층	연면적 : 929.00㎡	바닥면적 : 326.00㎡
	영업장 설치층 : 지상3,4층	사용면적 : 293.84㎡	구획된 실의 수 : 28개

소방시설 공사업자	상호(명칭)		등록번호		대표자	
	소재지					

안전시설등 설치내용

시설구분	설비명	기준수량	설치수량	적합여부
소화설비	소화기	28	28	적합
	자동확산소화기	-	-	-
	간이/스프링클러설비	57/-	57/-	적합
경보설비	비상벨/비상방송설비	2/28	2/28	적합
	자동화재탐지설비	30	30	적합
	가스누설경보기	-	-	-
	시각경보기	-	-	-
피난설비	피난기구(완강기)	2	2	적합
	피난유도선	2	2	적합
	유도등/유도표지	4/28	4/28	적합
	휴대용/비상조명등	28/-	28/-	적합
비상구	방화문	-	-	-
	비상구	2	2	적합
영업장 내부통로와 창문	내부통로폭	150cm이상		
	창문크기	설치개수 : 2개	창문크기 : (가로) 50cm × (세로) 50cm	
그 밖의 시설	영상음향차단장치	-	-	-
	누전차단기	1	1	적합
피난안내도 및 피난안내 영상물	피난안내도	32	32	적합
	피난안내영상물	-	-	-
실내장식물 불연화	사용재료	석고보드,타일,유리		설치면적: 1,038.08㎡
내부구획불연화	사용재료			
방염	방염대상물품 사용여부	무	방염물품	-

◇ 금품 향응제공사실 제보창구 : 서울소방재난본부 감사담당관실 (02) 3706-1830 ~ 4
◇ 영업장 내부구조, 면적, 실내장식물 변경(신규 대상) 및 상호, 영업주 변경(재발급 대상)을 하는 경우 관할 소방서장의 확인을 받아야 합니다. (강남소방서 예방과 ☎ 02-6981-7502)
◇ 완비증명서 최초 발급일자 : 2012년 6월 1일(제2012-243호)
◇ 재발급사유 : 영업주 및 상호 변경([illegible] → [illegible]/오픈하우스)

하단의 별색 글씨 내용을 보자.

(1) 영업장 내부 실내장식물 변경, 내부구조의 변경, 영업주 변경이 있는 경우에는 관할소방서의 확인을 받아야 합니다.

– 이 조항이 고시원 인수를 하고 재발급 받아야 하는 조항에 해당된다.

(2) 피난 · 방화시설 폐쇄, 훼손, 변경 또는 장애물을 적치하는 불법행위를 하지 맙시다.

– 이 조항이 화재발생 시 적치물이 비상구를 막아서 대형화재로 이어지는 경우이다.

(3) 영업주 및 종업원은 2년에 1회 이상 소방안전교육을 받아야 합니다.

– 2년에 1회씩 받는 보수 교육에 해당한다.

(4) 발급이력 : 2012–6

– 2012년 신축되었다는 의미이다. 고시원이 언제 신축되었는지, 시설안전 등 완비증명서를 발급받았는지 알 수 있는 조항이다.

(5) 마지막에 재발급 사유가 영업주 및 상호 변경이라고 표시가 되어 있다.

사업을 하려면 필수, '사업자등록증'

사업을 하기 위해서는 사업자등록증을 발급받아야 한다. 사업을 시작한 후로 20일 이내에 꼭 신청을 해야 한다. 시설안전 등 완비증명서를 발급받고 사업자등록을 신청하면 된다. 사업자는 법인과 개인으로 나뉘는데 다시 개인은 간이와 일반으로 나뉘게 된다. 연매출 기준으로 4,800만원 미만이면 간이이고, 그 이상이면 일반에 해당한다. 보통 법인으로 시작하지 않고 사업을 처음 개인으로 시작할 때는 일반과세자로 등록하면 된다.

사업자등록을 신청하는 방법은 세무서를 직접 방문하는 방법과 국세청 홈택스를 통한 2가지 방법이 있다. 각자 편의에 따라 진행하면 된다. 준비해야 할 서류는 ① 사업자 본인의 신분증, ② 임대차 계약서, ③ 안전시설 등 완비증명서이다. 사업자등록을 신청하면 특별한 문제가 없으면 2~3일이면 발급이 완료된다. 사업자등록증이 발급되면 은행에서 사업자 거래통장을 개설하고 카드도 발급받으면 된다. 사실 개인사업자등록증 신청, 발급은 크게 어렵지 않다. 등록신청 절차만 숙지하면 누구나 충분히 쉽고, 간단하게 해결할 수 있다. 고시원의 경우 사업자등록증에 업태는 부동산업 숙박 및 음식점, 품목은 부동산관리 고시원으로 표시된다.

고시원의 경우 현 운영자가 사업자등록을 말소해야 신청이 가능하기 때문에 현 운영자 사업업자등록 말소 후 신청하기 바란다.

인수하는 고시원이 소방시설이 미비해서 안전시설 등 완비증명서가 발급되지 않아 간혹 계약이 해지되는 경우가 발생한다. 그리고 증명서 발급을 받기 위해 추가적인 비용 지출이 많으면 전 운영자와 논쟁이 벌어질 수밖에 없다. 이런 경우를 대비하기 위해 사업 포괄 양도양수 계약서에 특약사항을 명확하게 삽입하는 것이다. 증명서 발급은 전적으로 전 운영자 협조 사항이다. 전 운영자가 협조하지 않으면 계약을 해지하면 된다.

요약하면, 고시원을 오픈하기 위해서는 안전시설 등 완비증명서와 사업자등록증이 필요하다. 안전시설 등 완비증명서 발급 신청을 위한 서류는 ① 임대차 계약서, ② 소방안전교육 이수증명서, ③ 화재배상 책임보험, ④ 신축 시 소방완비증명서 발급을 위한 설계도(소방공사업체)이다. 사업자등록증 발급을 위해서는 ① 본인 신분증, ② 임대차 계약서, ③ 안전시설 등 완비증명서가 요구된다. 사전 지식이 없으면 당황하고 시간 낭비를 하게 된다. 이제 고시원 오픈을 위한 서류상의 준비가 끝났다.

다음에는 잔금을 지불하고 고시원을 인수하는 마지막 절차를 진행해보겠다.

7

시설 인수 및 잔금 지급 시 유의사항 6가지

고시원 창업 7단계 사용설명서 마지막 단계이다. 말 그대로 잔금을 지불하고, 고시원을 인수하는 것이다.

처음 고시원을 계약하고 오픈을 준비할 때는 입주 숫자가 초미의 관심사였다. 운영 경험이 없기에 입주자가 많으면 매출로 직접 연결된다는 생각을 했기 때문이다. 지나고 보니 잔금을 치르기 전 인수 시 입주 숫자는 큰 의미가 없다. 잔금을 치르기 전에 입주자들이 지불하는 금액은 전 운영자의 몫이기 때문이다. 어차피 잔금을 치른 후 내가 입주시켜야 매출이 잡히고 수익이 발생하기 때문이다.

시설 인수, 잔금 지급 시 체크리스트 6가지

첫째, 고시원 시설물 체크는 운영자와 함께 계약 때와 시설물 변경이 있는가?, 특별히 교체를 해야 하는가? 등 서로가 재점검하는 절차이다. 보통 계약일과 잔금일이 한 달 이내로 그 사이에 큰 변화가 없다.

둘째, 입주정보, 입주금액 파악이다. 이때 현재 입주하고 있는 입주고객의 정보를 넘겨받는다. 입주고객 개인 신상에 관한 내용과 얼마에 입주하고 있는지 파악이 가능하다. 입주자가 고시원 월세를 미리 선입금한 경우도 있고, 흔하지는 않지만 미납자가 존재하기도 한다. 선입금 금액은 인수자의 매출이다. 남녀 혼용인 경우에는 인수 시 남녀 비율 파악도 가능하다. 입주정보를 받아 즉시 핸드폰번호를 모두 저장해서 핸드폰이나 PC를 통해 단체로 사업자 변경과 차후 입금할 통장을 발송해야 한다.

셋째, 공과금 등 변동비용 정산이다. 고시원을 창업하는 분은 누구나 이사를 한 번쯤은 해봤을 것이다. 똑같은 절차이다. 잔금일 전일 기준으로 월 임대료, 전기, 가스요금, 인터넷 등 항목을 정산하는 과정이다. 중개사와 전 운영자가 함께 앉은자리에서 처리해서 정산금액을 통장으로 입금해 준다. 월 임대료 입금일이 잔금일 기준과 다를 수 있으므로 일할 계산된 금액을 전 운영자에게서 받아 월 임대료를 임대인에게 날짜에 맞추어 입금하면 된다. 여기에서 투자 수익 검토 시 추정한 변동비용과 실제비용을 비교해 볼 수 있다. 추가로 궁금한 분은 인수 후 1년간 지출된 변동비용을 해당 기관에 전화해서 확인해볼 수 있다.

넷째, 고시원 운영방식을 물어보는 것이다. 운영자별로 방식이 다소 차이가 존재한다. 운영자가 처음부터 끝까지 하는 방법, 총무를 고용하는 방법, 위탁경영을 맡기는 방법, 청소 등을 아웃소싱하고 무인 운영을 하는 방법이 있다. 운영방법 중 강점은 배워서 바로 적용하면 도움이 된다. 그리고 고객을 모집하는 홍보 방법도 운영자마다 다를 수 있다. 고시원 관련 모든 사이트에 홍보를 할 수도 있다. 오프라인으로 방문 홍보하는 방법도 있고, 블로그 등 SNS를 적극적으로 이용하는 운영자도 있다. 비용을 지불하고 광고를 하는 것도 가능하다. 고시원별로 입주자 층이 다를 수 있으므로 홍보 방법을 인계받는 것도 중요하다. 사용 중인 홈페이지, 블로그 인수인계도 받아야 한다.

다섯째, 잔금과 중개수수료 지급이다. 고시원 인수의 마지막 절차이다. 한마디로 잔금 90%를 지불하고 열쇠를 받는 것이다. 전 운영자들 가운데 어떤 분들은 통장으로 잔금 입금을 원하고, 또 다른 어떤 분들은 현금과 수표를 원하기도 한다. 사전에 중개사를 통해 지급방법에 대해 협의해서 준비하면 당일에 혼란을 줄일 수 있다. 그리고 수고한 중개사에게 수수료

인수인계 사용요금 정산표

	사 용 기 간	요 금
전 기(1)	[illegible]	
전 기(2)	[illegible]	143,870
수 도(1)	[illegible]	
수 도(2)	[illegible]	[illegible]
수 도(3)	직납	
도시가스(1)		
도시가스(2)	[illegible]	
전 화		
인 터 넷	직납	
케 이 블		
정 수 기	[illegible]	6,000
키 보증금	560,000 [illegible]	560,000
선 입금		
합 계		[illegible]

[illegible]

( )고시원 전 운영자( )님께서 위 금액을
새로운 운영자( )님께 위 금액을 지급하며,
차후에 착오발생 시 서로 협의하여 다시 정산함.

양수인:( ) 양도인:( )

20 년 월 일

를 입금하고 서로가 헤어지면 고시원 원장이 되는 것이다.

여섯째, 인수 후 명의 변경 사항이다.

(1) 운영자 변경 단체 문자를 발송한다. 정성을 담아 문자를 보내야 한다. 입주고객이 혼란이 없도록 변경된 운영자와 통장 입금계좌 번호를 전송하면 된다.

(2) 사전에 수리하기로 한 시설물들은 직접 할 것은 하고, 외부에 맡길 것은 발주를 해야 한다. 인수 후에 필요하면 필자는 간판 교체와 비상시 출동하는 보안시스템을 외부에 발주한다.

(3) 현금영수증 발급 신청을 한다. 입주자에게 영수증을 발급해주기 위해 사업자 명의로 발급 신청을 홈택스에서 한다.

(4) 전기 명의 변경을 신청한다. 다른 변경 절차는 인터넷이나 팩스로 처리가 가능하다. 유독 전기 명의는 가까운 한국전력을 방문해서 해야 한다. 서류는 사업자등록증, 인감증명서, 인감, 신분증, 통장 사본이 필요하다.

(5) 수도 명의 변경은 팩스로 처리가 가능하고, 가스는 인터넷으로 된다. 사업자등록증, 신분증 등의 서류가 필요하고, 기관에서 요구하는 신청서를 작성하면 된다.

(6) 인터넷은 사전에 요청한 서류만 준비하면 담당자가 직접 방문해서 변경 처리해 준다.

(7) 정수기도 사업자등록증, 통장 사본을 준비해서 신청서 작성 후 요

청하면 된다.

(8) 인수한 상호가 네이버나 다음으로 검색했을 때 확인되는지 먼저 체크해 본다. 상호 확인이 안 되면 네이버와 다음에 상호, 지도 등록이 안 된 상태다. 전화해서 신청양식에 맞추어 등록을 하면 된다. 만약에 상호나 전화번호 변경이 있는 경우도 추가로 변경 요청을 해야 한다.

고시원 창업 비법 - "다 함께 부자 됩시다!"

③ 고시원 창업 7단계 사용설명서

실제로 창업을 위해 단계별로 진행을 하는 데 있어 체계적이지 못하다는 아쉬움을 느꼈다. 잘 정리가 되어 있으면 쉽게 진행할 수 있을 것으로 생각되어 초보자가 따라만 하면 가능한 창업 7단계 사용설명서를 만들었다.

- 매물을 보기 전에 기본적인 수익성 분석과 법적 서류 확인 방법
- 고시원에 어떤 시설물이 있는지 사전 파악하기
- 고시원의 매출, 비용, 수익은 어떻게 이루어지는지
- 운영자, 임대인과 계약 시 중요한 특약사항
- 안전시설 등 완비증명서, 사업자등록 신청 시 어떤 서류들을 준비해야 하는지
- 실제 잔금을 치르고 시설을 인수할 때 알아야 할 사항

어디에서도 접할 수 없는 실질적이고 체계적인 창업절차 내용들이 담겨있다. 꼼꼼히 하나라도 놓치지 않고 반복 학습이 요구되는 창업 7단계 사용설명서이다. 제대로 알고 고시원 창업에 적용해 보자.

4장

공실 최소화를 위한 고시원 운영 관리비법

성공이란 다른 사람의 권리를 침해하지 않으면서,
나의 목표를 달성하는 것이다.
진정한 부자란 경쟁자를 패배시키지 않고,
상호협력을 통해 부를 얻는 것이다.

부자가 되기 위한 확고한 신념, 몸과 마음의 건강,
넘치는 자신감, 긍정적인 마음가짐으로 무장하고
부자가 될 때까지 달려가면 된다.

by 황재달

1

수익률을 극대화하는 황금매물 찾는 방법

황금매물 3요소 : 위치는 기본, 시설권리금, 월 임대료, 임대보증금

최근 방문한 고시원 얘기를 해보겠다. 거의 10년 정도 운영한 고시원이 매물로 나왔다. 퇴직한 후 신축해서 성공적으로 운영한 고시원이다. 매각 이유는 어머님의 건강이 안 좋아서 가까이서 모시고 싶다는 참으로 효자인 분이다. 첫 방문 시 고시원이 사장님의 분신이라는 느낌을 받았다. 출입문부터 모든 시설이 사장님의 손길이 안 닿은 곳이 없었다. 대화를 하다 보니 고시원이 사장님의 진정한 삶의 터전이자 역사였다. 퇴직 후 4개월 정도 일을 찾다가 창업을 하셨는데, 창업 초부터 직장 다닐 때처럼 아침 출근, 저녁 퇴근으로 근무를 하셨다. 2억 원을 투자해서 매달 최소

500만 원 이상의 수익을 창출했다. 모든 것을 직접 관리해서 시설상태가 아주 좋았다. 추가적으로 3층 전체가 고시원이라 관리하기가 좋은 구조다. 방이 총 33개(미니룸 17개, 원룸형 16개)로 구성되어 있다.

총 투자 금액 1억 3,000만 원으로 임대보증금 5,000만 원, 시설권리금 8,000만 원, 월 임대료 264만 원(부가세 포함)으로 아주 좋은 황금매물이다. 한 가지 흠이라면 신축한지가 10년이나 지났다는 것이다. 이럴 경우, 계약 전에 전문가를 대동해서 고시원 시설을 상세히 살펴 수리비 예상금액을 산출하고, 이를 토대로 시설권리금 협상을 하면 된다. 그동안 많은 수익을 창출했으므로 협상이 가능할 것으로 판단한다. 필자가 황금매물이라 생각하는 요소 몇 가지가 있다.

첫째는 시설권리금이다. 건물의 신축 연도와 시설상태, 현재 입주비율, 평균 입주금액이 기준이다.

둘째는 월 임대료가 될 것이다. 고시원이 크고, 방 개수가 많고, 지역이 좋은 곳이면 월 임대료가 높을 것이다. 지역과 고시원별 편차가 심하다.

셋째는 임대보증금인데 저렴하면 좋겠지만, 보증금은 나중에 다시 회수할 수 있으므로 세 번째로 언급했다.

황금매물을 찾는 수익성 분석방법

이 고시원이 황금매물인지 수익성 분석을 통해 한 번 살펴보자.

예상 매출액	925만 원	33개 방 입주비율 85%, 방당 평균단가 33만 원
예상 비용	420만 원	월 임대료 264만 원, 고정 · 변동비 합계 156만 원 가정
예상 수익	505만 원	세전

입주비율은 현재 약 90%인데, 필자가 사용하는 기준인 입주비율 85%를 적용해서 매출액을 산출했다. 예상 비용은 월 임대료 고정비와 변동비용으로 구성되는데, 광고비는 지출이 적은 것으로 파악되었다. 신축한 기간이 있어 수리비를 투자 대상에 반영하였고, 다른 비용을 합쳐 변동비를 약 156만 원으로 추산했다. 단순하게 분석을 해서 약 500만 원의 월 수익을 기록할 것으로 예상한다. 실제 운영자에게 확인한 결과 거의 비슷한 수치를 받았다. 물건이 나오자마자 계약 체결이 되었다. 인수 후 추가적인 시설보수에 대한 투자 대상은 지출되어야 한다. 시설권리금 8,000만 원에서 400만 원 할인된 금액인 7,600만 원에 계약 체결되었다. 시설권리금 7,600만 원, 중개수수료 약 330만 원, 시설보수는 넉넉히 1,000만 원을 가정했다. 연 예상 수익률과 보증금을 제외한 투자 금액 회수 기간을 산정해 보겠다. 계산 편의상 9,000만 원으로 계산하겠다. 월 예상 수익 500만 원, 연 예상 수익 6,000만 원으로 가정하면, 9,000만 원 회수

기간은 1.5년이다. 계산이 크게 벗어나지 않으면 확실한 황금매물이다. 그러니 바로 계약이 체결된 것이다. 추가로 하나 더 생각할 수 있는 것은 일정기간 운영 후 건물주와 임대료 미인상 협의 후 구조개선을 진행하면 된다. 구조개선으로 현재 방 개수를 대부분 유지할 수 있고, 평균 입주금액 상승을 기대할 수 있다. 충분한 매력이 있는 황금매물이다. 황금매물이란 한 마디로 투자 금액 대비 높은 수익률을 기록하는 물건이다. 이 말은 투자 금액을 적게 해서 위험을 낮추고, 수익 극대화로 투자 금액 회수기간을 최대한 짧게 만드는 매물이다.

그러면 신축은 어떻게 판단해야 할까? 이해하기 쉽게 앞에 언급한 고시원 기준으로 분석해 보자. 미니룸, 원룸형으로 신축, 1억 5,000만 원 정도 투자된 것으로 추정된다. 사실 그때는 지금보다 투자 수익이 많았고, 월 임대료 고정비는 적었지만, 분석의 단순화를 위해 월 5백만 원 수익, 연 6,000만 원 수익으로 분석하자. 1억 5,000만 원을 회수하는 데 2.5년이면 투자 금액을 회수한다. 나머지 7년 6개월 동안 연 6,000만 원, 합계 약 4억 5,000만 원의 추가 수익을 남겼다. 추가로 매각 시 시설권리금 7,600만 원을 더하면 5억 2,000천만 원을 넘는다. 단순하게 보더라도 나름 좋은 매물이었다 해석된다.

반대의 경우도 존재한다. 신축 고시원 창업으로 신규시설에 많은 투자금액을 지급했다. 운영 미숙으로 큰 수익을 남기지 못하고, 본인의 인건비 정도만 회수하고 매각하는 경우이다. 신축과 기존 인수는 각각 운영할 때 느끼는 점이 다르다. 신축은 시설에 대해 신경을 쓸 일이 확실히 적다. 기존 인수는 사소하게 신경 쓸 일이 생긴다. 반면에 신축은 총 투자 금액이 많다 보니 언제 회수를 하나, 매각할 때 시설권리금을 잘 받을 수 있을까 등의 고민이 된다. 인수는 수익률이 높은데 갑자기 많은 수리비가 발생하지 않을까, 매각할 때 투자 대상의 시설권리금을 회수할 수 있을까 등이 고민이다.

앞에서 언급한 망원동 고시원 실내 장식 사업자 M처럼 거의 시설권리금이 없는 고시원을 매입해서, 적은 투자 금액과 실내 장식 기술을 이용해 구조개선 후 일정 차액을 남기고 매도하는 것이다. 인테리어 사업자 입장에서는 시설권리금 없는 고시원이 황금매물이다.

2주 전에 본 면목동 고시원을 잠깐 소개하겠다. 총 금액 2억 2,000만 원(임대보증금 4,000만 원, 시설권리금 1억 8,000만 원), 월 임대료 550만 원(부가세 포함), 신축 후 8년 정도 경과한 2~3층 고시원이며, 방이 51개(원룸 32개, 미니룸 19개, 평균 요금 33만 원)다. 보수적으로 해서 85% 입주비율로 계산해도 매출이 1,430만 원이다. 비용은 고정비가 550만 원, 변동비는 수선비, 광고비 등 230만 원을 감안하면 세전 수익 650만 원이다. 자료를 전부 수집하지 못해 정확하게 계산하지 못하지만 좋은 물건으로 판단된다. 노후화된 시설은 감안해야 하지만 거래되는 데 오랜 시간이 걸리지 않으리라 예상한다.

결론적으로 정리하면 '수익을 극대화하는 황금매물은 만들어진다.'는 것이 더 적절한 표현이다.

상세하게 풀어서 설명해 본다.

첫째, 좋은 위치에 좋은 가격(보증금, 시설권리금, 월 임대료)으로 창업하는 것이 최우선이다. 명심할 것은 이런 물건들은 급매물이므로 사전에 투자 금액을 준비한 상태에서 빠른 의사결정이 요구된다. 한마디로 경쟁이 치열하다.

둘째, 좋은 가격으로 인수했더라도 운영을 잘못하면 무용지물이다. 높은 가격에 인수했어도 운영을 잘해 높은 가격을 상쇄하는 수익을 창출하면 된다.

셋째, 추가로 매각 시 시설권리금을 얼마나 받을 수 있는가를 따져야 한다. 좋은 매물을 좋은 가격에 인수, 창업 · 운영해 높은 수익을 올리고 시설권리금을 잘 받고 매각하면 금상첨화이다.

결론적으로 필자는 황금매물은 운영을 통해 만들어지는 측면이 더 강하다고 생각한다.

2

고시원 창업, 좋은 위치는 어디인가?

강남구 압구정 가로수길, 마포구 홍대입구, 종로구 연남동, 용산구 이태원 하면 떠오르는 공통어가 있는가? 한 마디로 핫한 장소였던 곳이었다. 이 지역들은 대기업의 진입, 건물주의 엄청난 월 임대료 인상 요구 등으로 많이 쇠퇴하고 있다. 필자보다 나이가 많은 선배들은 종로였고, 필자 세대는 대학로가 자주 가는 장소였다. 강남은 계속해서 핫한 곳이었다. 아파트를 보면 압구정을 비롯한 강남이 엄청나게 좋은 위치이다. '천당 아래 분당'이라고 분당도 엄청났고, 최근에는 용산이 선두고, 광교, 서판교, 위례신도시 등도 상승이 엄청나다. 강남, 서초, 송파도 여전하다. 이곳들의 공통점은 순환하면서 가격 상승을 견인하고 있다는 점이다. 미래는 어느 지역이 어떻게 될지 모르겠다. 이런 예를 드는 이유는 현재 핫한 곳이 유지될 수도 있고, 소멸할 수도 있다. 또한 새로운 곳들이 핫해질 수도 있다. 물리적인 환경의 변화에 따라 바뀐다.

이 장에서는 고시원의 핫한 곳들을 한 번 알아보겠다. 중개사들이 말하는 핫한 곳은 공통적인 지역도 있지만, 중개사들마다 다른 관점들과 다양한 의견들이 존재한다는 전제조건을 두고, 대체로 공감하는 핫한 장소를 소개하겠다.

과거 영광 재현을 노리는 신림동

과거에 가장 핫한 곳은 신림동이었다. 고시원의 성지라고 할 수 있었다. 고시원이라는 단어의 출발지점이라 해석해도 무방하다. 지금은 사법고시의 철폐, 기타 고시의 모집 인원수 감소 등으로 그 지위를 상실했다. 최근에는 저렴한 월 임대료로 재상승을 하고 있다. 다른 중개사들의 분석에 따르면 로스쿨 등을 공부하는 수험생들은 집안 형편들이 좋아서 고시원 생활을 하지 않는다. 부모의 재산 배경으로 원룸이나 오피스텔 등에 입주하고 부모의 케어를 받는다고 한다. 그래서 과거의 신림동 고시원의 명성은 회복하기 어렵다고 전망한다. 과거의 고시원 중 핫한 곳은 영등포, 서울역, 청량리역 중심지였지만, 현재는 재개발로 고시원들이 줄어들고 있다.

예전보단 못하지만 꾸준한 수요가 있는 노량진

국가공무원, 경찰공무원, 소방공무원, 임용 등의 학원이 노량진에 모여들면서 고시원의 가장 핫한 곳으로 떠올랐다. 최근에는 노량진 학원 수요가 조금 줄었고, 고시원이 포화상태라는 말이 있다. 그래도 전문가들은 크게 수요 변동이 없는 곳이 노량진이라 말한다. 필자가 느끼기에도 운영의 문제이지, 수요가 많이 줄어든 것은 아닌 것으로 분석된다. 학원 수강 기간만 입주하는 단기 입주자가 많아서 입주비율의 변동 폭은 있다.

월세가 비싸지만 여전히 핫한 강남권

강남은 계속 핫한 장소이다. 직장 수요층과 전문대학원 등으로 여전히 수요가 많다. 그런데 강남의 고시원은 형태가 다양하고, 위치 등에 따라 가격의 편차가 큰 것으로 해석된다. 강남은 고시원들끼리의 경쟁도 있지만, 다른 지역에 비교해 셰어하우스, 원룸과의 경쟁도 해야 하는 곳이다. 수요가 많지만, 이곳의 고민거리는 상대적으로 높은 월 임대료이다. 공실의 증가를 항상 주의하고 대비해야 하는 곳이다. 필자가 생각할 때 강남에서도 가장 핫한 곳은 한티역 근처 학원가이다. 이곳은 지속적으로 학원의 수요가 증가하는데, 거주할 시설 공급이 계속 부족한 상태라 수요 초과를 기록하고 있다. 지방 학생들에게 고시원은 장기 숙소로 이용되고 있다. 단기에 고시원 공급이 어려우므로 공급 부족이 지속될 것으로 예상된다. 서초구와 송파구도 위치에 따라서 다소 차이가 있지만 나름 계속해서 핫한 곳이라 하겠다.

기숙사 시설이 부족한 대학가

그리고 대학교 근처도 핫한 곳이다. 대학교 기숙사가 절대 부족한 상태에서 수요는 계속 존재한다. 감안해야 할 두 가지 요소는 기숙사 확충으로 갑작스런 공급 증가와 방학이라는 특수한 상황을 고려해서 창업 전에 사전 조사를 꼼꼼히 해야 한다. 발표된 자료에 따르면 광운대, 한성대, 동덕여대가 절대적으로 기숙사 수용률이 낮은 것으로 나타났다. 계속해서 핫한 곳은 홍대입구 부근이다. 이곳은 국내 수요도 많지만, 일본 등 외국인들의 수요가 많은 곳이다. 중국 '한류열풍'이 한창일 때는 숙소가 부족해서 고시원도 숙박시설로 많이 이용되었다. 필자가 인수를 검토했던 고시원은 일본 유학생들이 장기간 입주하는 곳으로 관리하기 아주 편한 곳이었다. 최근에는 코로나19 영향 때문에 다소 어려움을 겪고 있을 것으로 예상한다.

변화를 보이는 종로와 기타 지역들

종로3가역 근처도 핫한 장소였다. 최근에 중개사들의 판단은, 수요는 점차 줄어드는데 공급이 많아 제대로 된 입주요금을 받지 못하는 곳으로 진단한다. 종로에서 오랫동안 고시원을 운영하신 분을 만났는데 요즘은 영 별로라고 말씀하신다. 한마디로 경쟁이 치열하고 가격이 하락해서 돈이 안 된다는 말이다. 고시원마다 다르지만, 종로가 예전만큼 못하다. 최근에 변화를 보이는 곳들은 7호선 부근 면목동, 군자역 등이 부상하고 있다고 중개사들이 전했다. 이곳들도 지하철 연장선 등으로 교통이 좋아지면서 직장인들의 수요가 증가하고 있는 곳이다. 최근에 방문한 군자역 근처에 가보니 원룸형 고시원 숫자가 증가했음을 느낄 수 있었다. 입주금액도 45만 원에서 50만 원 사이로 꽤 높은 수준의 입주요금이 형성되고 있다.

"그림의 떡이다."라는 옛 속담이 있다. 앞에 소개한 핫한 지역에서 오픈하면 좋겠지만 내가 소유하지 못하면 의미가 없다. 조금 떨어진 지역에 있는 고시원이라도 운영을 잘해 수익을 많이 창출하는 것이 운영자가 느끼는 최고 핫한 곳이다. 이는 필자가 주장하고 싶은 논리다. 장수가 연장을 탓하지 않듯 운영을 잘하는 분은 다소 불리한 여건 속에서도 좋은 결과를 만든다. 운영을 못 하는 분은 아무리 좋은 위치에서 창업을 해도 여건 탓만 하면서 나쁜 결과를 낸다. 수요도 많고 공급이 부족한 지역이므로 낡은 고시원을 넘겨받아서 구조변경을 한 번 해보고 싶다. 필자가 추구하는 콘셉트의 고시원을 만들고 싶은 것이다.

앞에서 이야기한 곳들을 제외하면 다음 후보지는 홍대입구 쪽이다. 많은 경험과 다양한 지역으로의 진출을 위함이다. 그렇다고 이 지역들만을 고집하는 것은 아니다. 동선이 좋고 좋은 매물이 나온다면, 이 지역들만 고집할 이유가 없다. 자신의 취향이 맞는 지역도 현실적으로 생각해 보자.

중개사들이 말하는 핫한 고시원 장소와 필자가 생각하는 나름의 핫한 곳에 대해 알아보았다. 서두에서 언급했듯이 서로의 판단 기준이 다르다. 여러분들의 기준이 필요하다. 핫한 곳은 여러 환경 여건이 변하면 바뀔 수 있다는 점을 명심하자.

3

창업 시 피해야 할 고시원 매물 5가지

컨설팅을 받으러 오는 분들이나 유선 등으로 문의하는 분들 대부분이 하는 말이 있다. "제가 본 매물이 좋은 매물인지? 나쁜 매물인지? 판단을 못하겠습니다." 당연하다. 고시원은 아파트와 다르게 여러 가지 특수성이 존재한다. 중요한 매물을 보기 전에 자신의 기준을 가지는 것이 중요하다. 고시원의 특성상 좋은 매물과 피해야 할 매물을 구분하기는 참으로 어렵다.

고시원 매물을 판단하기 위해서 ① 위치는 기본이고 ② 투자 금액(자기자본, 타인자본 비율) ③ 운영 방식 ④ 기대하는 수익의 기준을 가져라.

고시원이 수익이 많이 나고 운영과 관리도 쉽다는 정보를 고객을 통해서 접하고 연초부터 중개사를 통해 50개 정도의 매물을 보던 분이 고시원에 대한 정보 부족과 매물 판단이 어려워 고심하던 중 필자의 책과 유튜브를 보고 컨설팅을 신청, 상담 받은 사례를 소개한다.

순간의 판단 미스가 가정경제 파탄으로 이어질 수 있다

노량진역에서 7~8분 떨어진 곳에 90개의 미니룸으로 구성되어 있고, 전체 건물이 고시원 시설이다. 임대보증금 1억 5,000만 원, 시설권리금 0원이다. 여러분들은 계약을 해야 할 물건일까요? 아님 피해야 할 물건일까요? 단순하게 생각하면 권리금도 없고 50개에서 30만 원을 받으면 1,500만 원이니 많은 수익이 발생하니 좋은 물건이라고 판단할 것이다. 그래서 의뢰인도 좋은 물건이라고 필자에게 판단을 요청한 것이다. 필자가 고시원 근처에 도착하자마자 바로 카톡으로 답변을 보냈다. "무조건 노!"라고.

하나씩 분석해 보겠다.

첫 번째, 위치는 기본이라고 했는데 노량진의 특성은 방이 찰 때는 역에서부터 차고, 공실이 생길 때는 역에서 먼 곳에서부터 공실이 생긴다는 가장 중요한 위치에 대한 요소를 놓친 것이다.

두 번째, 앞의 절차대로 50개의 방에서 30만 원보다 좋은 70개의 방에서 30만 원으로 가정을 해 보겠다. 그러면 매출액이 2,100만 원이다. 비용을 따져보면 월 임대료 1,000만 원, 변동비는 적어도 400~500만 원, 90개의 방을 혼자서 관리하는 것은 불가능하기에 청소 아웃소싱과 총무 등을 고용해야 한다. 90개의 미니룸 청소는 최소 150만 원, 총무에게 방을 주고 100만 원의 임금을 계산하면 비용이 650만 원 내지 750만 원이다. 그러면 수익이 250~350만 원이다. 그냥 보면 1억 5,000만 원 투자해서 20%, 300만 원 수익이 나면 괜찮아 보인다. 그런데 많은 입주자에 따른 민원과 부식 등 엄청난 업무량으로 아마도 24시간 관심을 가져야 한다. 결코 높은 수익률이라 할 수 없다.

세 번째, 실제로 70명의 입주는 코로나19로 인해 절반도 안 되는 상태이고, 주위에 비슷한 고시원 건물들이 즐비해서 방 가격도 25만 원 정도이다. 또한 건축물 대장을 열람하니 여기저기 위반 건축물이다. 이분들이 이 매물을 계약했으면 지금은 어떻게 되었을까? 매일 매일 스트레스에 시달릴 것이고, 결국에는 임대보증금마저 안전하게 돌려받지 못할 수도 있다. 다행히 이분들은 얼마 후에 필자가 소개해 준 황금매물을 만나서 투자 금액도 절약하고 창업 후 순조롭게 운영하면서 꽤 높은 수익을 내고 있다. 순간의 선택이 가정경제의 파탄을 초래할 수 있다. 이는 위치가 기본임을 보여 주는 좋은 사례이다.

매물들을 보다보면 좋은 매물 만나기는 힘들지만, 나쁜 매물을 만나는 건 쉽다. 여기서는 꼭 피해야 할 매물 조건들에 대해서 알아보고자 한다.

무엇보다도 권리금이 없거나 너무 싼 고시원은 피해야 한다. 쉽게 생각하면 고시원 운영이 잘 되면 권리금이 저렴할 이유가 없다. 권리금이 저렴하다는 이야기는 장사가 안 된다고 해석할 수도 있다. 권리금이 싸면, 신축한지 오래된 전통형 고시원이거나 문제가 있는 고시원일 경우가 많다. 20년이 지난 전통형 고시원을 인수하면 여러 가지 문제가 발생할 수 있다.

(1) 스프링클러가 없어서 화재 위험에 노출이 된다.

(2) 추가적인 시설 투자가 지속적으로 일어난다.

(3) 어려운 입주고객 관리로 스트레스가 가중된다.

(4) 향후 운영 후 매각할 때 제대로 된 가격을 받기가 어렵다.

두 번째는 안전시설 등 완비증명서, 사업자등록증이 게시되어 있지 않은 고시원은 피하라. 기본적으로 고시원에 안전시설 등 완비증명서와 사업자등록증이 게시되어 있다. 만약 게시되어 있지 않고 명의가 다른 사람이라면 무슨 문제가 있다고 판단해야 한다. 이런 곳은 그냥 패스하면 된다.

세 번째는 운영자가 자주 바뀌는 고시원은 피하라. 운영자가 자주 바뀐다는 말은 현재 운영자가 좋지 않은 매물을 인수해서 운영을 하는데 수익이 나지 않아서 다시 매각하는 경우이다. 이 말은 허위 매물에 해당한다고 보면 된다. 싸다고 인수했다가 엄청난 손실을 입을 수 있다.

네 번째는 운영자, 총무의 성격, 인성도 중요하다. 매물을 보러갈 때 현 운영자를 만나게 된다. 쉽지는 않지만 잘 관찰해 보길 바란다. 질문을 통해서 진실성이 있는 사람인지? 어떻게 고시원을 시작하게 되었는지? 왜 매각을 하는지? 어떤 방식으로 운영했는지? 등을 질문해 보라. 그리고 중개사가 하는 말과 대조를 해보면 조금은 파악이 가능하다. 총무가 있으면 친절한지 확인해 보라. 계속 업무를 맡길 수도 있고, 질문을 통해 입주 고객들의 성향을 파악할 수도 있다.

다섯 번째는 법적으로 보호가 안 되는 상가임대차보호법 환산보증금을 넘는 곳은 피하라.

임대보증금+월 임대료×100을 하면 환산보증금이 된다. 상가임대차보호법에서 보호되는 금액이 정해져 있다. 서울시는 9억 원, 광역시는 5.9억 원이다. 이 금액을 초과하게 되면 만약 건물이 경매로 넘어갔을 때 보호를 받지 못하고, 월 임대료도 5%를 초과해서 인상할 수 있다. 꼭 명심해야 할 내용이다.

최근에 강남 삼성역 근처에서 본 사례를 소개한다. 총 투자 금액 3억 원으로 임대보증금 1억 5,000만 원, 시설권리금 1억 5,000만 원, 월 임대료 800만 원으로 원룸형 30개, 미니룸 15개 등 총 45개에 2층으로 구성되어 있다. 원룸형 30개 만실에 방당 40만 원, 미니룸 13개 입주로 매출 1,600만 원을 넘는 곳이다. 2010년 신축인 이 매물은 매출도 좋고 위치도 좋으니 시설권리금이 1억 5,000만 원이다. 예비창업자가 "위치도 좋고, 관리하기도 좋고, 매출이 높으니 계약하면 좋지 않을까?" 하고 필자에게 물었다. 필자는 "노!"라고 답했다. 그 이유는 첫 번째, 임대보증금 1억 5,000만 원, 환산 임대료 8억 원(월 임대료 800만 원×100)을 합치면 9억 5,000만 원으로 상가임대차보호법의 보호대상에서 제외이다. 건물이 경매로 매각되면 어떤 결과가 발생할지 모른다.

두 번째는 투자 금액 대비 실질적인 수익률이 높지 않다. 매출 1,600만 원에 월 임대료 880만 원(부가세 포함), 변동비 300만 원을 가정하면 월 420만 원의 수익으로 총 투자 금액 대비 연 수익률 14%에 그친다. 고시원 수익률은 높은 편은 아니다. 추가적인 인력 투입과 임대료 인상도 잠재적인 위험 요인이다.

우리가 쉽게 접하는 아파트는 비교 대상이 많고, 대상별로 큰 차이가 존재하지 않는다. 나름 많은 정보들을 구할 수가 있다. 고시원은 비교 대상도 제한적이고 대상별로 큰 차이가 존재한다. 제한된 정보로 매물을 판단하여야 하니 당연히 어렵다. 추가적으로 고려할 요소들도 존재한다.

지금까지 꼭 피해야 할 고시원 매물들을 몇 가지 설명을 하였다. 가장 중요한 자신만의 기준을 정립하고 매물들을 보기 시작해서 그나마 좋은 매물과 피해야 할 매물들을 알 수 있다. 주의해서 재산상 손해와 고시원 창업의 꿈을 잃어버리는 우를 범하지 않길 바란다. 자신이 없으면 전문가에게 컨설팅을 받고 돈과 시간의 낭비 없이 제대로 창업을 하길 바란다.

4

돈 벌어주는 똑똑한 중개사를 만나는 방법

필자가 아는 좋은 중개사들, 그들의 특징

오픈하우스 1, 2호점 물건은 M 중개사와 계약했다. 20년 경력을 가진 중개사로 가격협상에 있어서 아주 뛰어난 능력을 가진 중개사이다. 20년 가까이 좋은 중개가 가능했던 이유는 고객과의 지속적인 신뢰 관계를 유지하고 있기 때문인 것 같다. 매도 · 매수자의 다른 관점을 중간에서 잘 조율한다. 인수 · 인계 시에도 원활하게 문제없이 잘 처리한다. 원장님들이 믿고 의지하는 중개사이다. 요청해둔 지역에 급매물이 나오면 제일 먼저 연락을 준다. 최근에 좋은 매물을 소개하는 K 이사도 오랜 중개사 경험을 보유하고 있다. K 이사의 소개로 매물을 본 고객들이 좋은 평가를 한다. 많은 거래를 할 수 있을 것이다. 고시원 창업컨설팅을 하는 필자에게는 정말 중요한 분들이다. 좋은 물건을 좋은 가격에 소개해주니 진정으로 감사할 따름이다.

필자가 할 일은 빠른 결정을 내려주는 것이다. 개포점도 M 중개사가 매물을 추천했을 때 30분 만에 결정을 내려 계약을 했다. 중개사 입장에서 빠른 판단을 하고 빠른 계약을 해주면 최고일 것이다. 서로가 도움을 주고받는 입장이니, 불필요한 시간 낭비를 줄이는 것이 좋지 않겠는가? 필자는 중개수수료를 할인하지 않는다. 조금이라도 추가로 더 지불해드리려고 한다. 다음에도 더 좋은 물건을 더 좋은 가격에 소개받기 위함이다.

좋은 중개사를 만나는 것보다 최악의 중개사를 피하는 게 중요하다

지난 2월에 컨설팅을 받은 현 개포점 원장님과 중개사와 함께 매물을 보고 왔다. 그날은 필자가 사전약속이 있어 동행하지 못했다. 그날 볼 매물에 대한 사전 브리핑은 중개사를 통해 미리 받았다. 대부분의 고객들은 고시원 경험이 없으므로 물건을 보고 와도 잘 판단하지 못한다. 당연하다. 필자의 경험상 물건을 5개 정도 보고 난 뒤에야 나름 판단 기준이 생긴다.

고객이 2곳의 물건을 봤는데 첫 번째 물건은 형편이 없다고 했다. 두 번째 물건의 금액은 합계가 1억 5,000천만 원(보증금 5,000만 원, 시설권리금 1억 원), 월 임대료 440만 원(부가세 포함)이며, 방 개수는 원룸형 31개였다. 필자도 토요일 시간을 내어 개포점 원장님과 중개사를 대동하고 고시원을 방문했다. 3, 4층으로 구성되어 있었고, 시설은 괜찮아 보였다. 조금 정리가 부족하다고 느꼈다. 매각 사유는 2곳을 운영 중인데 집이 멀어서 매각한다고 했다. 1년 정도 운영 중이고, 필요할 때만 출근한다고 이야기했다.

이 고시원은 특이하게 구청에 숙박업 허가를 통해 주말에 한류열풍으로 입국하는 외국인들이 숙박한다고 했다. 나름 차별화된 고시원이라 생각했다. 26개 입주 중이고, 5개는 주말에 입주한다고 했다. 주말 입주로 발생하는 매출은 월 2백만 원 정도라고 했다. 수익성 분석을 위해 현재 예상 매출액, 방당 평균 입주금액, 변동비용을 요청했다. 그런데 이상하게 방당 평균 입주금액에 대한 회신이 없었다.

일요일에 필자가 하는 방식대로 방당 35만 원, 입주비율 85%, 고정비 450만 원, 변동비 140만 원(광고비 30만 원 포함)으로 수익 분석을 해 봤다. 매출 911만 원, 비용 600만 원, 세전 330만 원으로 계산되어, 1억 원 대비 거의 월 2%인 25% 내외의 수익이 예상되어 그 다음날 만나서 계약하기로 했다. 예비창업자는 자택도 멀지 않고 나름 인테리어에 관심이 많아 신발장과 옥상 올라가는 곳을 조금 처리하면 한결 좋아질 것으로 판단했다.

"대표님! 운영자 자신이 운영할 고시원을 구하고 매각한다고 합니다."

저녁에 중개사로부터 필자에게 카톡이 왔다. 필자의 경험상 이런 경우는 다른 부동산에서 가격을 올린 경우가 많다. 확인 결과 다른 곳에서 500만 원을 추가로 제시했다. 이 고시원을 인터넷에서 검색한 결과 입주요금이 30만 원으로 되어 있었다. 조금 이상해서, 예비창업자 딸을 통해 고시원에 입주요금 문의를 한 결과 30만 원이라 했다. 계약할 때 정확한 장부를 통해 평균 입주요금을 확인하고, 아니면 가격 인하를 요청하려 했다. 적반하장으로 가격 인상 요구를 해서 내심 계약 취소를 생각했다. 예비창업자에게 전화하니 같은 생각이었다.

그 이후 코로나19 사태도 발생해서 외국인 숙박은 어려워졌다. 2주 후 직접 고시원에 전화를 해보니 매각이 안 되고 1억 4,500만 원에 매각 가능하다고 했다. 그 사이에 무슨 일이 일어난 것인지 알 수가 없었다. 그러다 3일 후 요즘 자주 거래하는 부동산 이사와 실장이 방문해서 대화 중에 문제의 고시원 얘기가 나왔다. 그분들이 몇 개월 전에 1억 원에 거래시킨 물건이었다. 그 고시원이 워낙 장사가 안 되는 곳이었다고 한다. 지금 운영자가 인수해서 기초적인 인테리어를 하고 고객을 채워 4개월 만에 5,000만 원을 올린 것이었다.

물론 그렇게 매각하는 것도 능력이다. 문제는 중간에 있는 중개사가 정보를 제대로 제공하지 않았다는 점이다. 그러니 평균 입주금액을 오픈하지 않았던 것으로 추정해 본다.

추측해볼 때 중개사도 알지 않았을까 생각한다. 만약에 중개사가 사실을 알았다면 돈 벌어주는 똑똑한 중개사가 아니라 최악의 중개사이다. 똑똑한 중개사도 중요하지만, 최악의 중개사를 피하는 것이 훨씬 중요하다. 필자도 거래하는 중개사들이 있어 계약 전에는 크로스 체크를 한다. 워낙 고시원 시장이 좁아서 거의 파악이 된다. 물론, 인수해서 나름대로 운영을 잘하면 괜찮은 수익을 낼 수 있다. 그렇지만 정말로 기분이 안 좋은 경우이다.

이런 중개사도 있다. 물건을 보러 가는데 만나는 시점부터 "이 물건은 좋은 물건이니 금방 나갑니다. 보시고 금방 결정하셔야 합니다."라고 말하는 중개사들을 볼 때면 뭘 하자는 건지, 이런 말을 왜 하는 건지 이해가 되지 않았다. 더군다나 실제로 본 고시원은 참으로 별로였다. "수고하셨습니다. 다음에 또 뵙겠습니다."라고 인사를 하니 '계약도 안 할 거면서 물건은 왜 보자는 거야?'라는 눈빛을 보내며 갔다. 꿈에서라도 만나고 싶지 않은 스타일이다. 필자를 봉으로 생각하나 싶었다.

어떤 중개사는 보증금은 정해진 금액이니 그대로 두고, 시설권리금을 엄청 높게 불러서 가격을 말한다. 이 경우에는 매도자와 투자 예상금액 이상 매매되면 서로가 나누어 갖는 것이다. 참으로 황당하고 당혹스러운 중개사이다. 세상에 별별 중개사들도 다 있다. 또 추가로 엉뚱한 중개사 스타일은 물건을 물어보면, 내용을 전혀 기억을 못해 수첩을 한참 찾는 중개사이다. 어쩌자는 것인지. 그나마 앞의 경우에 비하면 어쩌면 귀여운 스타일(?)이다.

돈 벌어주는 중개사를 만나는 것도 능력이다

고시원들의 한정된 물건들과 제한된 중개사들 사이에 가격 차이가 존재한다. 실제로 매도자가 물건을 시장에 낼 때 가격과 조건을 다양하게 주는 것으로 알고 있다. 서로가 오랫동안 신뢰를 하고 많은 거래를 하려면 숨기지 말고 정보를 정확하게 공개해야 한다. 필자는 운 좋게도 지금까지는 중개사 때문에 크게 스트레스를 받거나 고생한 적은 없다. 진정으로 감사드리고 계속해서 좋은 관계를 유지하고 싶다. 필자 또한 좋은 관계를 유지하기 위해 노력할 것이다.

만약에 앞의 고시원 거래가 이루어졌다면 어떻게 되었을까? 시장이 좁아서 사실을 알게 되었을 것이다. 중개사는 매도자와 매수자의 중간에서 역할을 함으로써 중개수수료를 받는 사람이다. 기본적으로 중간자 역할만 충실히 하면 훌륭한 중개사이다. 본인의 이익을 위해서 매도자나 매수자 한쪽 입장만 대변하면 문제가 될 가능성이 크다. 돈 벌어주는 중개사를 만나는 것도 서로 큰 노력의 산물이다. 중개사는 좋은 물건을 매도자와 매수자의 관점에서 중간역할을 하고, 필자는 빠른 의사결정으로 예스나 노를 말해주다 보면 서로가 신뢰가 쌓이게 되는 것이다. 지금까지 좋은 물건을 소개해주신 중개사에게 한 번 더 감사하게 생각한다.

5

공실 0%를 위한 완벽한 홍보 전략

만족한 고객이 미래 고객 2명을 불러온다!

개포점이 오픈할 때는 공실이 9개라 원장님이 다소 걱정을 했다. 그런데 인수 후 3주 만에 90%대를 유지 중이다. 공실을 줄이는 데 가장 중요한 요소는 국악중 · 고등학교 학생들이 친구들을 데리고 온 것이다. 친구들이 이 고시원이 깨끗하고, 친절하고, 엄마처럼 맛있는 것도 해 준다고 하니 덩달아 친구들이 입주를 하였다. 현재도 작은 방 2~3개만 공실이고 모두 입주를 한 상태이다.

맞다. 어떤 제품이든 만족한 고객이 다시 재구매하거나 지인을 소개한다. 가장 기본이자, 가장 확률이 높은 구매패턴이다. 필자가 보험영업을 할 때 사례를 하나 소개하겠다. 매년 목표로 100명 이상의 고객을 모시겠다는 계획을 잡았다. 말이 쉽지 생명을 담보로 하는 종신보험을 100분 가입시키는 것은 무척이나 어렵다. 그래도 연말이 되면 100명 이상 고객을 모셨다. 필자는 지인 영업을 많이 하지 않았다. 왜냐하면, 영 신경 쓸 일도 많고, 왠지 부자연스러웠다. 그럼 어떻게 100분의 고객을 모셨을까? 곰곰이 고민을 해봤다. 고민 결과 오직 가능한 방법은 만나는 고객을 최대한 만족시켜서 소개를 받는 것이었다. 추가로 꼭 부부 상담을 통해 두 분 모두 계약을 하는 것이다. 그래서 항상 고객이 원하는 것을 파악하고 정확한 솔루션을 제공하기 위해 집중하고 최선을 다했다. 집중해서 설명하다 보면 온몸에서 힘이 빠진다. 최선을 다하는 모습을 좋게 보셨는지 계약 성공률은 엄청 높았다. 그리고 꼭 소개 요청을 했고, 소개를 받았고, 계약을 했다. 정말로 많이 소개해 주신 고객은 10명까지 소개해서 계약을 해봤다. 너무나 감사하고 감동을 준 고객이었다.

고시원도 똑같다. 현재 입주 중인 고객에게 할 수 있는 최선을 다해 만족시키면 자동으로 소개가 들어온다. 가장 중요한 필자의 원칙이다. 고객 만족을 통한 소개가 공실 0%를 도전하는 최고의 기술이다.

(1) 소개 마케팅이다. 소개를 통해 입주하게 되면 기존에 만족하고 있

는 고객은 소개를 통해 입주한 고객이 다소 불만을 표시하더라도 알아서 정리해 준다.

(2) 내부적인 부분을 들 수 있다. 입주자들에게 맛있는 음식을 제공하고 싶어서 개포점 원장님은 고시원을 창업했다.

첫째, 항상 청결 유지를 한다. 청결 유지는 나름 많은 사람이 거주하기에 지나침이 부족함보다 낫다. 식중독이라도 발병하면 어떻게 할 것인가? 생각하기도 싫은 상황이다.

둘째는 부식(밥, 반찬)을 듬뿍 제공하는 것이다. 마음도 외로운데 배까지 고프면 안 된다. 특히 개포점 원장님은 잡채와 계란말이, 오리고기, 떡볶이 등 다양한 특별 음식을 준비해서 입주자들을 놀라게 하신다. 처음에는 입주자들이 설마 우리에게 주는 것인가 하고 먹지를 않았다고 한다. 지금은, 오늘은 어떤 특별 음식이 제공될까 기대하고 기다린다고 한다.

셋째, 친절이다. 많은 분들이 말하는 고객이 만족하는 여러 요소 중 하나일 것이다. 고객의 요구사항을 잘 경청하고, 바로 처리 가능한 것은 즉시 처리하는 것이다. 시일이 걸리는 것은 처리 가능한 날짜를 고객에게 말해주면 된다.

넷째, 앞에서 많이 언급한 차별화 전략이다. 고객들의 만족도 상승과 함께 만족한 고객이 외부에 나가 고시원을 자랑하게 하는 것이 차별화 전략이다. 끊임없이 연구하고 추진해야 할 과제이다.

다섯째, 장기 입주자에 대한 할인제도이다. 처음에는 입주 시 할인제도를 적용했다. 그런데 언제 퇴실할지 상황에 따라 변화하는 것을 알았다. 그래서 장기 입주자에 대한 할인제도는 조금 귀찮지만, 퇴실 시 환급해주는 제도로 변경 중이다.

온라인과 오프라인, 양쪽으로 홍보하라

인터넷을 통한 홍보 전략에 대해 알아보겠다. 고시원 관련 인터넷 사이트들이 많이 있다. 대표적으로 고시원넷, 고시원네트워크, 고시원닷컴, 고시락, 룸앤스페이스 등이 있다. 사이트에 따라 무료사이트도 있고, 유료사이트도 있다. 각자 상황에 맡게 유로, 무료를 선택해서 지속적으로 홍보를 하면 된다. 이 사이트에 들어가면 고시원을 운영하는 데 필요한 여러 가지 도움을 받을 수 있다. 그리고 꾸준히 제대로 홍보를 하면 블로그, 홈페이지, 인스타그램 등도 많은 도움이 된다. 블로그는 최적화를 통한 상위노출을 하면 비용도 들지 않고, 잘 운영하면 추가적인 수익도 발생한다. 요즈음은 유튜브가 아주 좋은 홍보수단이다. 시간이 되는 분은 한 번 도전해 보기 바란다. 필자는 인터넷을 통한 홍보는 솔직히 활발하게 못하고 있다. 이번에 초대받아 처음으로 유튜브 촬영을 했다. 나름 재미있는 과정이었다. 책 출판 후 유튜브와 카페, 블로그, 인스타그램 등의 마케팅에 많은 시간을 할애할 예정이다.

변화하는 추세에 맞추어 노력하면 좋은 결과들이 뒤따른다. 가장 급성장하고 있는 시장은 인스타그램이다. 마지막으로 가장 많이들 하고 큰 비용이 드는 것이 N사 키워드 검색 광고이다. 검색란에 고시원을 노출시켜 가망 고객들이 검색해서 입주 문의를 하게 하는 것이다. 꽤 많은 비용이 지출된다. 키워드 검색을 통해 입주 문의가 왔을 때 입주비율을 높이기 위해서 나름 준비된 사전 대본이 필요하다. 그렇지 않으면 비용만 지출하는 일이 생긴다. 문의가 왔을 때 고시원을 방문하게 하는 것이 입주 확률을 가장 높일 수 있다.

오프라인 홍보방법

첫째, 고시원 주변 중개사 사무실을 방문하여 운영 중인 고시원을 홍보하는 것이다. 소개로 입주할 경우 일정의 프로모션을 제공한다. 중개사 사무실 방문을 통해 얻게 되는 추가적으로 좋은 점은 친하게 지내다 보면 고시원 급매물이 나올 때 바로 연락을 받을 수 있다. 방문할 때 빈손으로 가지 말고, 음료수 한 박스라도 들고 가면 좋다.

둘째, 고시원 주변에 학원이 있는 경우 학원을 방문해서 홍보하는 것이다. 학원생들에게 좋은 고시원을 소개해 줄 수도 있고, 고시원은 입주고객을 확보하는, 서로 도움을 주고받는 것도 방법이다. 주변에 큰 건물이 있는 경우에도 간단한 전단을 제작해서 나누어 주는 것도 좋다. 홍보라는 것이야말로 많으면 많을수록 좋은 것이다. 비용을 줄이고 입주비율을 높이는 것은 바로 수익과 직접 연관되기 때문이다.

셋째, 전단업체에 의뢰해서 고시원을 홍보하는 방법을 들 수 있다. 기본적인 홍보 콘셉트와 정보를 제공하면, 제작해서 홍보해 준다. 관심 있는 분들은 한 번 시도해 보시길 바란다.

필자가 사용하는 차별화된 비법을 하나 공개하겠다. 필자는 밴드를 통해 고시원을 운영, 관리한다. 밴드 메뉴는 업무지시, 하루 보고, 주간 보고, 월간 보고, 자료실, 룸 배치도, 입주자 관리로 구성되어 있다. 밴드를 통해서 자료를 축적하고 있다. 일일, 주간, 월간 등으로 일어난 업무들과 업무처리 등이 누적되고 있다. 누적된 자료를 통해 시행착오도 줄이고 기술 축적도 할 수 있다. 밴드를 통해 월간 수익 추정이 가능하고, 누적 수익관리도 이루어지고 있다. 여기에 모든 자료들이 축적되어 언제든지 필요한 자료를 찾을 수 있다. 또 추가적으로 고시원 오픈할 때도 누적된 자료와 노하우를 사용한다.

공실을 줄이는 것은 고시원 운영에서 가장 중요한 일이고, 아무리 강조해도 지나침이 없다. 고시원의 특성은 방 개수가 정해져 있고 비용도 거의 정해져 있기에 매출 증가와 수익에 바로 직결된다. 공실을 줄이기 위해 모든 홍보수단을 동원해야 한다. 홍보도 처음은 다소 어렵고 시간이 걸린다. 고시원 운영처럼 조금만 익숙해지면 쉽고 기술이 생긴다. 시간이 지날수록 능수능란해져서 공실을 줄일 수 있다. 실제로 해보면 누구나 할 수 있다.

6

차별화를 통해 수익성을 극대화하는 방법

어떤 대상에게 잘 보이고 싶으면 차별화해야 한다

'차별화'라는 단어를 국어사전에서 찾으면 '둘 이상의 대상을 각각 등급이나 수준 따위의 차이를 두어 구별된 상태가 되게 함'이라 되어 있다. 솔직히 설명이 이해가 안 된다. 필자가 생각하는 차별화는 예를 들면 이런 것이다.

– 유치원 남자 꼬맹이가 마음에 드는 여자 꼬맹이에게 잘 보이기 위해, 다른 꼬맹이와 다르게 행동하는 것

– 여중생 A가 잘생긴 남중생 B에게 잘 보이기 위해, 다른 여중생들과

다르게 행동하는 것

– 남성 직장인 C가 마음에 드는 사내 여성 직장인 D에게 잘 보이기 위해, 다른 남성 직장인과 다르게 행동하는 것

여기서 두 가지의 공통점이 있다. 첫 번째는 잘 보이고 싶은 대상이 있다는 것이다. 그 대상은 유치원 여자 꼬맹이, 남중생, 여성 직장인이다. 두 번째는 '다르게'(차별화)라는 단어가 있다. 여기서 다르게는 좋게 보이고 싶은 마음에서 나온 행동이다.

이것을 사업에 적용해 보면, 고객들에게 다른 회사보다 잘 보여서, 회사의 물건을 판매하는 것이다. 고시원 운영에서 차별화한다는 것은 쉽고도 어려운 것이다.

필자는 대학교 때 지방에서 올라와 생활했다. 대부분이 그렇지만 집안이 넉넉지 않아 항상 아르바이트를 해야 했다. 그래서 수업이 끝나자마자 아르바이트 장소인 신사역으로 갔다. 그때 했던 아르바이트는 쉽게 말해 경비였다. 건물 입주자들이 퇴근하면 문을 잠그고, 공부하다 자면 된다. 아침에 건물 문을 열고 인수자가 오면 퇴근하는 일이었다. 어려운 일도 아니고 공부도 할 수 있어 나름 좋았다. 그때 3층에 입주한 30대 초반 누님이 저녁때 작업 때문에 가끔 방문했다. 그러던 어느 날 잘 포장된 상자

하나를 전해 주었다. 깜짝 놀라서 "누나 이거 뭐예요?"라고 물었더니, 집에서 만들어온 반찬들이라고 말했다. 어린 학생이 열심히 생활하는 거 같고, 지방에 있는 엄마 생각날 것 같아 이것저것 준비했다고 했다. 그때의 감동은 지금도 생생하며, 한동안 너무 맛있게 먹었던 기억이 난다. 그 누나는 늦게 결혼을 했다. 남편이 유명한 동양화가였는데 행복하게 잘 살고 계시는지 궁금하다.

당시 아르바이트를 하고 있는데 어느 날 늦은 시간에 그 건물의 아들인 젊은 사장이 갑자기 왔다. 멋진 양복을 입고 영화에서 나오는 각 잡힌 007 가방을 들고서 말이다. 그 당시에 엄청난 고가였던 가방이었다. 필자도 보험영업을 할 때 한동안 들고 다녔다. 이것저것 물어보고, 만 원짜리 5장을 준 기억이 난다. 엄청난 돈이었다. 정확히는 기억이 안 나는데 그 때 한 달 아르바이트비가 20만 원이 안 되었으니 실로 큰 금액이었다.

필자가 이렇게 길게 과거의 아르바이트 이야기를 하는 이유는 그 누나와 젊은 사장이 필자에게 소중한 추억을 주었기 때문이다. 그 당시는 공부에 아르바이트까지 힘들었다. 필자의 꿈을 향해 가는 과정에서 힘들었고, 무미건조한 일상이었다. 하지만 그 두 분 덕분에 필자는 내 꿈에 박차를 가할 수 있었다.

진정한 차별화는 꿈과 추억을 만들어주는 것이다

고시원에서의 차별화는 '새 건물이다, 방이 크다, 시설이 좋다, 방값이 싸다…….' 등이다. 그러나 이런 것들은 무미건조한 단어들이다. 필자가 추구하고 싶은 차별화 전략은 비록 비좁고 불편한 고시원이지만, 고객들의 꿈을 응원하고, 우리 고시원에서 소중한 '추억'을 가지고 떠났으면 한다. 본인이 원하는 꿈이 이루어지면 당연히 최고다. 그렇지 않더라도 불편했던 고시원 생활이 소중한 추억으로 기억된다면 좋겠다.

지난번 유튜브 방송을 보니 고시원 여성원장이 입주고객들에게 간단한 편지와 함께 크리스마스 선물을 주는 영상이 방송되었다. 고객을 생각하는 정성의 마음을 담은 선물이고, 또 하나의 차별화된 서비스다. 당연히 받아들여 적용할 좋은 아이디어다. 최근의 비슷한 시설과 비슷한 가격의 경쟁에서 더 많은 고객을 머물게 만드는 것은 결국 차별화 전략이다. 여기에서 기본 출발선은 고객에게 이득이 되어야 한다는 것이고, 두 번째는 우리 직원이 할 수 있는 차별화 전략이어야 한다는 것이다.

필자가 현재하고 있는 차별화 전략과 미래에 하고자 하는 차별화 전략들에 대해서 언급하고자 한다.

차별화해 운영 중인 고시원 몇 군데를 소개한다.

(1) 송파에 위치한 고시원은 최근 구조개선을 통해 오픈한 곳이다. 최근에 입주자들이 택배주문을 많이 한다는 점에서 착안, 입구에 택배 물건 보관소를 만들어서 입주자들이 안전하게 택배를 수령하는 서비스를 제공하고 있다. 시설도 좋은 곳인데 부가 서비스가 제공되니, 높은 가격에 만실을 기록 중이고 대기 순번이 있는 상태이다.

(2) 숙대입구에 있는 고시원인데 옥상에 공간이 넓어 빨래도 말릴 수 있는 공간이 있다. 원장님이 일정공간에 채소들을 심어서 수확하여 항상 끼니때마다 채소를 제공, 입주자들에게 호평을 받고 있다. 집에서도 잘 먹기 힘든 신선한 채소를 매번 먹을 수 있으니 기분 좋은 일이다. 여성 입주자들이 더 만족한다고 한다.

(3) 2월 14일, 3월 14일은 서구에서 건너온 기념일들이다. 고객들은 바쁘기도 하고 자신의 꿈을 위해 노력하느라 선물을 못 받을 수 있다. 그래서 비싸지는 않지만 조그만 선물을 제공할 예정이다. 국내 음식으로 제공할지 어떨지는 좀 더 고민 중이다. 필자의 마음은 국내 음식으로 하고 싶지만, 고객들은 다른 생각일 수도 있기 때문이다.

(4) 노원구에 있는 고시원은 사소하지만 차별화된 서비스를 제공하고 있다. 공동주방에서 조리를 하면 냄새가 난다. 특히 라면을 끓이게

되면 냄새가 잘 빠지질 않는다. 원장님은 이를 해결하기 위해 냄새를 바로 제거할 수 있도록 닥트를 새로 설치했다. 한 층에 35개의 방이 있는데도 방문 시 냄새가 나지 않았다. 입주비율도 90% 이상으로 높은 수준이다.

(5) 강남에 직장인 위주로 운영 중인 고시원의 사례이다. 원장님이 입주자들이 아침을 먹고 갔으면 좋겠다는 고민을 하다가 찾은 방법이다. 아침마다 미소된장국을 제공하는 것이다. 미소된장국에 밥을 말아서 김치와 함께 간단히 먹고 가면 되는 것이다. 아침을 굶으면 집중력이 떨어진다. 그리고 무엇보다도 라면을 먹게 되는 것이 마음이 아파서 시도했는데 반응이 아주 좋았다.

(6) 이대입구에 있는 고시원이다. 독특하게 공동냉장고를 없애버린 경우이다. 원장이 계속 관찰해 보니 개인별로 방에 냉장고가 비치되어 있는데 공동냉장고가 있으니까 불필요한 물건들이 냉장고에 쌓여서 치우지도 않고 냄새와 청결 면에서 좋지 않아 과감하게 공동냉장고를 치웠다. 처음에는 불만의 목소리들이 나왔다. 시행하고 일정기간이 지나니 공동주방이 깨끗해지고 냄새가 나지 않아서 입주자들이 좋아했다고 한다. 발상의 전환을 통한 차별화도 시도해 볼 만한 사례이다.

(7) 비상출동서비스이다. 생각보다 도입하고 있는 고시원이 많지 않은 것 같다. 밤에 비상사태가 발생하면 112, 119로 전화를 해야 한다. 112, 119를 이용해도 되지만 복도에 있는 비상벨을 누르면 더 빨리 출동해서 비상사태를 처리해 준다. 고객들의 심리적 안정을 주는 데 많은 도움이 되고 있다.

그러나 필자가 진짜로 하고 싶은 차별화 서비스는 따로 있다. 추억이라고 하면 가장 많이 떠오른 것이 엄마 얼굴이고, 엄마가 해준 맛있는 음식일 것이다. '엄마표 음식'은 유명 쉐프에 비할 것은 아닐 수 있지만, 사랑만큼은 더 많이 담겨있다.

엄마표 음식이 그리워도 지방에서 올라온 고객들에겐 현실적으로 어렵다.

그래서 생각했다. 한 달에 한 번 정도 영업을 안 하는 근처 식당을 빌려서 한 가지 '엄마표 특별 메뉴'를 제공하는 것이다. 또 하나 준비 중인 특별 메뉴는 둘째 딸이 만든 수제 과자와 빵이다. 고3인 둘째 딸은 유명 파티쉐를 꿈꾸며 연일 열심히 노력 중이다. 고객들에게 정성이 담긴 간식을 제공하면 정말 차별화된 메뉴가 될 것이다. 물론 시간과 비용, 노동이 필요하겠지만 지나고 보면 멋진 추억으로 기억되지 않을까?

정리하면 차별화란 특정한 대상(고객)에게 다른 경쟁자들과 다르게(좋게) 제공하는 서비스이다. 경쟁에서 승자가 되기 위해서 돈으로 차별화하는 것은 한계가 있다. 더 센 경쟁자가 나타나면 지고 말 것이다. 필자는 고시원에서는 '꿈'과 '추억'을 전하는 차별화 전략을 지속해서 연구, 개발하여 전달하겠다. 고객들이 '꿈'과 '추억'을 전하는 고시원으로 인식한다면, 당연히 수익성은 극대화되리라 확신한다.

7

불편의 최소화는 고객의 관점에서 시작하라

고객이 불편하다면 개선해야 한다

고시원을 운영하다 보면 사소한 민원들이 발생한다. 화장실이 막혔다, 열쇠를 집에 두고 왔다, 온수가 안 나온다 등이 일반적이다. 이런 문제들은 어떻게 보면 단순한 문제이다. 입주자들이 다양하다 보니 가장 민감한 문제가 술과 담배다. 술에 대해서는 아직 불만이 들어온 적이 없다. 담배가 항상 문제다. 우리 고시원만의 문제가 아니다. 많은 고시원이 안고 있는 문제다. 담배만 예를 들었지만, 고객 불편을 최소화하는 것에 대해 말해 보고자 한다.

다른 고시원에서 일어난 일이다. 강남에 있는 여성분이 운영하는 곳에서 발생했다. 이 고시원은 직장인이 주 고객이다 보니, 음주 때문에 한 번씩 문제가 발생한다. 한 입주자가 술을 거하게 먹고 소리를 높여 옆방 입주자와 문제가 생겨 옆방 입주자가 불평을 제기했다. 어떻게 할까 고민하고 고민하다가 술을 마신 입주자를 직접 만나서 얘기하기로 했다.

"고객님, 어제 술 드시고, 소란을 피우셨나요?"
"아닙니다. 기억이 없는데요."
"정말이시죠? 증거 있으면요?"
"다음부터는 조심할게요."

다행히 간단히 마무리되었다. 여기에서 증거는 CCTV에 남겨진 영상이다. 그리고 한 번 더 소란을 피우면, 입주요금 환불 없이 퇴실 조치를 언급했다. 흔히 발생할 수 있는 경우이다. 중요한 것은 이런 사례가 반복되면 조용히 다른 입주자들이 나간다. 고시원은 언제든지 나갈 수도, 들어올 수도 있다. 조그만 불만들이 생각지도 않은 엄청난 결과를 가져와, 매출과 수익에 큰 타격을 입힐 수 있다.

기본적인, 그러나 너무나 중요한 운영 방침 5가지

필자는 나름의 고시원 운영 방침을 가지고 있다. 위대한 것은 아니고 기본적인 내용들이다.

첫 번째는 항상 청결 유지이다. 특히 냄새가 나지 않게 하는 것이다. 누구나 똑같을지 모른다. 식당이나 다른 집에 방문했는데 냄새가 나면 누구든 싫어한다. 특히 고시원 매물을 볼 때 냄새가 나면 기본적으로 부정적으로 생각한다. 아침에 환기를 시켜야 한다. 빈방은 문도 열지만, 환풍기를 지속적으로 가동해야 한다. 그래서 실제로 겨울에는 가스비용이 다른 고시원보다 많이 지출된다. 그러나 장기적으로 보면 이익이라는 생각이다. 우리는 돈만 추구하는 장사꾼이 아니고 신뢰와 믿음을 우선 추구하는 기업이기 때문이다. 사소한 돈도 중요하지만, 우리 고객들이 더 중요하다. 기업은 돈보다 신뢰를 유지하는 것이 더 중요하기 때문이다. 간혹 담배냄새가 나는 경우가 있다. 참으로 곤혹스럽다. 냄새나는 시점에 적발하지 않으면 방법이 없다. 소리를 지르는 것은 CCTV나 옆방에서도 녹취가 가능하다. 담배냄새 민원이 접수되면, 문자를 통해 흡연자를 찾아내 강제퇴실 조치와 함께 상응한 대가를 요구할 것이라 통보한다. 선량한 다수의 고객을 보호하는 게 우선이기 때문이다. 다수의 선량한 고객 보호를 위해 소수의 민폐 고객에 대해서는 과감하게 조치하는 것이 고객의 불편을 최소화하는 것이다.

두 번째는 밥, 반찬, 라면 등을 듬뿍 제공하는 것이다. 입주자 모두 우리의 아들딸이다. '좁은 공간에서 자신의 꿈을 이루기 위해 고생하는데 음식이라도 잘 먹이자!'라는 운영원칙이다. 지출 비용의 증가로 수익성은 조금 떨어진다. 이마저도 기업가 정신이 필요한 부분이다.

세 번째는 너무나 당연하지만, 불만에 대한 친절하고 빠른 응대이다. 고객들은 누구나 대우받고 싶어 하고, 빠른 응대를 원한다. 기본적으로 지켜야 할 요소이다. 여기에 무리한 요구와 진상 고객은 제외다. 공실이 생겨도 당장 퇴실이다. 다수의 선량한 고객들을 위한 정책이다. 선량한 고객들에게는 할 수 있는 만큼 친절하고, 무례한 고객들은 철저히 배제한다.

고시원과 전혀 다른 이야기지만 밴드 '산 그대' 밴드 사례를 소개한다. 필자는 다양한 취미생활을 해왔다. 축구를 좋아해 조기축구를 했고, 마라톤 완주도 했다. 족구와 탁구도 몇 년간 했다. 그리고 현재의 취미는 등산이다.

필자는 갑자기 2018년 가을에 밴드 '산 그대'의 리더가 되었다. 인원이 400명 가까이 되는 나름대로 전통 있고 이름 있는 밴드다. 필자가 맡을

땐 심하게 망가진 상태였다. 어쩔 수 없이 맡았지만 잘하고 싶었다. 고민하고 고민하다가 슬로건을 만들었다. '자율, 즐거움, 행복'이다.

여기서 핵심은 '자율'이다. 취미생활 동호회에 나오는 분들은 누구나 잘났고, 한 곳만 가입되어 있지 않다. 그러니 철새가 계절 따라 움직이는 것처럼 이곳저곳으로 다닌다. '자율'이라는 글자는 '배려, 기본, 상식'이라는 세 가지 의미를 내포하고 있다. 이 세 가지를 지속해서 홍보하고 실천하였다.

여기에서 벗어나는 경우, 예를 들어 흔히 말하는 '이성에게 작업을 한다'면 바로 강제 탈퇴를 시켰다. 술을 마시고 술주정을 한다든지 과도한 표현이나 심하게 거친 언어를 사용해도 강제 탈퇴 처리했다.

많은 분들의 우려와 걱정과 달리 3개월 만에 분위기가 완전히 바뀌었고 문화가 정착되었다. 새로운 리더가 맡고 있는 오늘도 30명이 같이 산행을 한다. 운영원칙이 이렇게 중요하다. 산에 가더라도 기본과 상식, 배려를 지키면 산행 시 즐거움이 생기고, 그러면 당연히 행복해진다.

네 번째는 앞에서 말한 차별화 정책이다. 다양한 음식, 채소 제공, 택배 보관서비스, 환기, 비상출동서비스 등이 모두 차별화를 위한 제도다.

다섯 번째는 시스템화이다. 여기에는 두 가지 측면이 있다. 최근 개인

주의가 늘어나면서 대부분 간섭을 싫어하는 추세다. 이에 맞추어 실장이 간섭을 최소화하는 시스템을 갖추는 것이다. 그 다음에 늦은 밤 비상사태를 대비해서 출동서비스 등의 시스템을 갖추는 운영원칙이다. 화재는 어쩔 수 없이 소방서가 출동해야 한다. 다른 비상사태는 경찰 출동 요청도 하지만 출동 서비스 요청으로 빠른 시간에 비상사태를 해결하는 시스템 구축이다.

많은 사람들이 모여 공동생활을 하면 다양한 불만과 욕구가 생긴다. 많은 사람들이 생활하는 공간이라 다양한 욕구와 불만이 존재한다. 모두를 100% 만족시킬 수는 없지만, 운영원칙을 가지고 불만을 최소화하고 만족을 증대시키고자 한다. 여기에 운영원칙의 기준이 존재한다. 고객의 입장과 당사 직원의 입장이다. 고객의 관점에서 만족 극대화와 불만족 최소화가 필요하다. 더불어 당사 직원들의 권익 보호, 인권 보호도 절대적이다.

둘의 모든 만족을 추구하는 데 문제들이 발생하겠지만 둘 간의 만족 향상을 위해 계속 노력하는 것이 필요하다. 현재는 큰 문제가 없지만 앞으로는 규모가 커지면 당연히 추가적인 문제가 발생할 것이다. 앞에서 등산 슬로건을 언급했다. '자율'이라는 단어만 정착이 되면, 고객과 '즐거움'을 얻게 될 것이다. 그리고 결국 우리 인생에서 누구나 추구하고 원하는 '행복'에 도달하는 것이다. 이게 필자가 추구하는 궁극적인 운영원칙이다.

고시원 창업 비법 - "다 함께 부자 됩시다!"

④ 공실 최소화를 위한 고시원 운영관리비법

많은 어려운 과정을 겪으면서 체득한 노하우를 아낌없이 책에 실었다. 고시원 창업도 중요하지만, 핵심은 공실 0%로 만드는 운영관리 비법이다. 다른 운영자가 시행하거나 필자가 실제로 하는 내용들이다.

- 수익률을 극대화하는 매물을 찾는 것이 첫 번째다.
- 핫한 곳은 변화한다. 효율적인 운영을 통해 수익 극대화가 핵심이다.
- 돈 벌어주는 스마트 중개사를 만나는 것이 높은 수익 창출을 위한 출발점이다.
- 공실비율 0% 달성을 위해 다양하고 많은 홍보를 해야 한다.
- 차별화 전략만이 현재의 수익과 미래의 수익을 담보할 수 있다.
- 고객의 입장에서 생각해야 불편을 최소화하고, 소개를 받을 수 있다.

내용이 당연하다고 말할 수도 있을 것이다. 공실 0%를 만드는 것은 한 가지의 노력으로 되지 않는다. 여러 방법을 지속해서 개선, 발전시켜 적용할 때 가능하다. 공실 0%, 불가능한 것은 아니다. 시도해 보자.

5장

고시원 창업으로 다 함께 부자 됩시다!

성공한 사람은 미래를 어떻게 살까 고민하고,
실패한 사람은 왕년의 잘 나갔던 때를 들먹인다.

부자란 미래에 어떻게 돈을 벌까 고민하고,
빈자는 미래에 어떻게 지출할까 고민한다.

부자는 다른 사람들이 돈을 벌어주는 구조를 연구하고,
빈자는 부자의 돈을 벌어주는 구조에 속한다.

by 황재달

1

원룸, 오피스텔, 상가보다 고시원을 창업하라

원룸 VS 오피스텔 VS 상가 VS 고시원

모처럼 가족이 외식을 하게 되었다. 설렁탕, 갈비탕, 소머리 국밥, 육개장 등 탕을 파는 곳이었다. 재미난 것은 4명이 주문하는 메뉴가 각각이라는 사실이다. 필자는 소머리 국밥, 아내는 육개장, 첫째는 설렁탕, 둘째는 갈비탕을 주문했다. 개인의 음식 취향에 따라 주문이 달라진 것이다.

"원룸과 오피스텔, 상가와 고시원을 비교해서 어느 것이 좋은 것인가?"라고 질문하는 것도 똑같다. 개인의 자본력, 위험에 대한 선호도, 투자의 목적, 기대하는 수익률 등 고려할 요소가 너무나 많고 다양하다. 각 물건별로도 입지, 크기에 따라 가격대도 천차만별이라 단순하게 비교하는 것은 무리다. 그래서 몇 가지 특성들을 감안, 단순화시켜 분석해 보겠다.

원룸, 오피스텔, 상가, 고시원 비교표

구분	원룸	오피스텔	상가	고시원
투자 금액	대체로 많다	보통	대체로 많다	보통
강점	월세, 가격 상승	가격 상승	가격 상승	월 수익
약점	공실	월 수익이 적다	공실	감가상각
환금성	쉽고도 어려움			비교적 양호
기대수익률	5% 이내			20% 내외
계약 해지	어렵다			쉽다

* 상황별 변수가 많으므로 일반적인 경우를 산정해서 작성함.

1) 대상별로 투자 목적이 다르다

원룸인 경우는 대체적으로 건물 전체를 소유해야 하므로 투자 금액이 많다. 최근 상가도 분양가가 높아 좋은 위치에 분양을 원하면 많은 투자 금액이 필요하다. 오피스텔은 위치, 지역별로 편차가 심하다. 입지조건이 좋은 곳은 가격도 높지만, 경쟁률이 엄청나다. 당첨 후 최대한 빠른 시간에 매각을 통한 차익을 노리는 것이다. 투자 대상 모두 최근 대출조건이 강화되어 대출을 통해 추가 수익을 획득하는 것이 어려워졌다.

2) 투자 대상별로 강점을 살펴보자

원룸은 입주자로부터 월세나 전세를 받는 구조이다. 투자 목적이 토지, 건물의 가격 상승이다. 다소 노후화된 건물을 가지고 있는 지인의 예를 들어보겠다. 8세대 임차를 주고 있는데 불편한 점이 있다고 했다. 이분은 건물을 새로 건축하고자 하는 계획을 하고 있다. 건물을 신축하려면 일단 임차인들을 내보내야 하는데 임대차법상 쉽지 않아서 만기 시 차례로 내보낸다. 따라서 공실이 발생하고 수익률이 떨어지는 과정이 발생한다. 물론 신축 후에는 이때 떨어졌던 수익률을 보충할 수 있다. 그러나 이후에 또 입주시키려면 중개사를 통해야 하므로 수수료만 나간다고 불만이다. 이분의 개인적인 입장이므로 다수의 입장은 다를 수 있다.

원룸, 오피스텔, 상가에 투자할 때는 투자 대상의 가격 상승이 주목적이다. 잘하면 많은 시세차익을 얻을 수 있다. 그러나 공실이 발생하면 투자 수익률이 하락한다. 상가가 6개월 동안 비어 있다고 가정하면 기회비용과 이자비용, 관리비, 세금 등 꽤 많은 손해가 발생한다. 필자의 친구가 용인 인접 ㅇㅇ지구에 상가를 하나 분양받았다가 아직도 고생하고 있다. ㅇㅇ지구는 워낙 상가 분양 물량이 많았다. 분양가가 높은데다 공급 초과로 임차인을 찾기가 힘들다. 매달 꼬박꼬박 이자와 관리비를 내는 실정이다. 한 번씩 부부싸움의 원인이 된다. 그러나 고시원의 경우는 다르다. 매달 월 수익을 목적으로 창업하고, 운영한다.

3) 대상별로 약점을 살펴보자

원룸, 오피스텔, 상가는 시세차익 목적이므로 상승하면 많은 이익을 볼 수 있지만, 반대로 시세가 하락하는 경우 큰 손해를 볼 수 있다. 특히 오피스텔과 상가는 대지 지분이 적다. 투자 회수 기간을 짧게 산정하고 투자한 상태에서 대출 비중이 높은 경우 시세 하락 시 큰 문제가 생길 수도 있다. 고시원의 약점은 이론적으로 물건이 감가상각이 되므로 가치가 하락한다.

4) 투자 대상별 환금성을 한 번 살펴보자

원룸은 최근 1년 사이 가격도 올랐고, 어느 때보다 환금성이 높았다. 향후 전망은 불투명하다. 오피스텔과 상가는 입지조건에 따라 극단적이다. 환금성은 매우 높은 곳도 있고, 아주 낮은 곳도 있지만 대체로 낮은 편이다. 주위에서 상가 투자로 장기간 투자 금액이 묶여 있는 경우를 많이 본다. 고시원도 완전하다고 볼 수는 없다. 다만, 시설권리금이 일정 금액 하락하면 시장에서 급매물로 인식되어 바로 거래가 된다. 환금성이 비교적 높은 편이다.

5) 투자 대상별 기대수익률을 보자

오피스텔과 상가는 분양 시 5~8% 수익률을 제시한다. 여러 오피스텔과 원룸들의 실제 수익률을 분석해보니 5% 내외다. 물건별로 수익률의 편차는 있을 수 있다. 고시원의 경우는 계속해서 언급했지만 20% 내외 수익률이 나오므로 수익률 측면에서는 고시원이 가장 높다.

6) 계약 갱신에 대해 살펴보자

오피스텔과 상가는 임대차법 개정에 따라 임차인이 최대 10년간 계약 갱신 요청이 가능하다. 종전처럼 해지가 쉽지가 않다. 또한 보증금 환급에 대한 문제도 존재한다. 계약을 갱신하면서 월 임대료는 5% 내에서 인상할 수는 있다. 고시원은 한 달 기준, 선입금으로 진행되므로 계약해지에는 제한이 없다.

최근에 낡은 집을 구입, 대출을 받아 원룸으로 신축 후 세입자를 모집하는 사업모델이 유행했다. 초기에 진입한 분들은 토지, 건물가격 상승으로 많은 평가이익이 발생한 상태다. 매각한 경우는 많은 차익을 기록했다. 현재 신규로 진입하는 것은 토지 가격도 비싸고 대출에 제한이 많아 높은 수익률을 기대하기 어렵다. 현재 보유 중인 분들은 공시지가 상승에 따른 보유세가 증가한다. 물론 가격 인상에 비하면 크지는 않지만, 가격이 하락한다면 금융비용과 증가한 보유세가 부담될 것이다.

우리가 여러 명이 모여 술을 한잔하더라도 어떤 사람은 소주를 좋아하고, 누구는 맥주를 좋아하고, 다른 사람은 '소맥'을 좋아하고, 또 막걸리를 좋아한다. 각자의 술에 대한 취향이다. 그리고 좋아하는 논리는 모두 다르다. 필자는 개인적으로 예전엔 소주를 선호했는데, 요즘 산에 다니기 시작하면서 막걸리를 좋아한다. 막걸리를 좋아하는 사람들의 논리는 아침에 숙취가 없다는 것이다. 맥주를 마시고 고통스러웠던 숙취의 아픈 기억이 있기 때문이다.

원룸과 오피스텔, 상가, 고시원에 대한 투자는 투자 금액, 투자 목적, 기대수익률 등 각자의 생각들이 다르다. 투자 대상에 대한 각자의 경험들도 중요할 것이다. 필자는 투자 결정을 할 때 본인이 감당할 수 있는 금액, 위험, 수익률 기준으로 투자 여부를 판단한다. 고시원은 투자 금액이 크지 않고, 위험이 낮다. 그리고 수익률이 높으므로 다른 투자 대상보다도 본인이 판단하기에는 최우선적인 투자 대상이다.

2

고시원 창업, 한 달이면 가능하다

우리에겐 시간이 곧 돈이다

고시원을 창업하기로 결정했다. 그러면 창업하는 데 얼마의 기간이 필요할까? 우리가 아파트 전세나 매매를 할 때 계약부터 이사까지 얼마의 기간이 필요한가 생각해 보면 답이 나온다. 개인차는 있겠지만 한 달이면 고시원 창업이 대부분 마무리된다. 필자가 창업하는 데 걸린 시간은 한 달이면 마무리할 수 있었다. 특별히 오랜 시간이 걸리는 절차는 없다. 어떻게 보면 집을 구할 때와 똑같다. 원하는 매물을 찾는 데 시간이 가장 많이 걸린다.

1) 사전 준비(D-30일 이전)

사전 준비가 제일 중요하다. 우리가 집을 구할 때도 얼마의 금액으로 월세, 전세, 자가 구입을 할 것인가를 정하는 절차가 가장 우선이다. 단지 차이점은 집에 대해서는 나름의 정보들을 가지고 있지만, 고시원에 대해서는 새로운 분야라 사전 지식이 부족하다는 점이다. 지금 이 글을 읽고 있는 독자나 예비창업자들은 제대로 책을 읽었다면 나름 사전 지식이 쌓였을 것이다. 고시원을 왜 창업해야 하는지, 누구나 창업할 수 있는지, 많은 노동시간이 투입되는지, 고시원을 창업할 때 주의사항이 무엇인지, 매물 보기 전에 고시원시설을 파악하기 등 고시원 관련 지식을 대부분 획득한 셈이다. 개인적으로 독학을 하든지, 전문가에게 컨설팅을 받든지 선택하면 된다. 반복되는 얘기지만 가장 중요한 것은 ① 투자 금액 ② 자기자본과 타인자본 비중 ③ 어느 지역에서 창업할 것인지 ④ 어느 정도의 수익을 기대하는지 ⑤ 어떤 형태로 운영할 것인지 등이다.

2) 매물 보기(D-30)

집을 월세, 전세, 자가 구입이 결정되었으면 중개사를 통해 매물을 보는 절차이다. 고시원도 사전 준비가 끝났으면 본격적으로 매물을 보기 시작하는 단계이다. 투자 금액별로 고가형, 중가형, 저가형으로 구분해서 사전에 공부했다. 고가형과 저가형은 매물 보기가 생각보다 쉽다. 팔려는 사람들이 많아 쉽게 계약할 수 있다. 중개사와 여러 매물을 보면서 의사결정을 하는 단계이다. 복습을 해보면 황금매물은 시설권리금이 낮고, 월 임대료가 적고, 입지조건이 좋은 곳이라고 정리할 수가 있다. 임대보증금은 다시 환급받는 금액이므로 우선순위에 두지 않기로 했다. 여기서 하나 더 결정할 것은 전통적인 고시원, 미니룸, 혼합형, 원룸형 중에 어떤 형태의 고시원을 선택해야 하느냐다. 중가형은 수요가 많아 매물이 나오면 바로 소진되는 특성이 있다.

3) 매물 결정하기(D-20)

처음에는 뭐가 뭔지 모르지만, 매물을 5개 정도 보고 나면 대부분은 감이 온다. 앞에 제시한 기준(총 투자 금액, 시설권리금, 월 임대료) 등을 감안해서 최상, 중립, 최악의 시나리오를 감안한 수익을 계산하면 된다. 고시원별로 변수는 크지 않지만, 변동비용을 파악해서 분석하면 된다. 이때 등기사항 전부증명서를 통해 건물주의 전반적인 사항을 파악해야 한다. 건축물관리 대장을 통해 고시원 용도가 적합한지 등 위반 건축물 여부를 확인해야 한다.

4) 운영자, 임대인과 계약 체결(D-15)

매물을 결정했으면 운영자와 계약을 체결하는 시기다. 계약 체결을 하기 전에 매매 가격을 결정해야 한다. 필자는 중개사를 통해 일정 금액의 할인 요청을 한다. 필자에게 컨설팅을 받는 고객은 필자가 중간에서 협상하고, 특별한 일이 없으면 처음부터 창업 후 운영 1개월 동안은 컨설팅을 계속한다. 운영자와 계약 시 특약사항 중 안전시설 등 완비증명서 발급 관련 사항을 꼭 체크해야 한다. 추가로 고시원시설 중에 수리나 보수가 필요한 것을 파악해서 계약 후 자신이 처리할지 아웃소싱을 할지 결정해야 한다. 운영자와 계약 시 중개수수료도 미리 결정한다. 운영자와 계약이 끝났으면 이른 시일 내에 임대인과의 계약서 작성이 필요하다. 특약사항 중 임대차 계약 기간과 월 임대료 미인상 여부를 꼭 체크해야 한다. 안전시설 등 완비증명서와 사업자등록증 발급을 위해서는 임대차계약서가 꼭 필요하기 때문이다. 계약금은 전체 금액의 10%를 준비해야 한다. 계약이 끝나면 신규 소방안전교육을 신청해서 받아야 한다. 계약 시에 잔금일과 고시원 인수일도 같이 결정해야 한다. 대출을 일으키는 경우는 사전에 잔금일에 맞추어 대출 실행 날짜를 확인해야 한다.

5) 잔금 지급 및 시설 인수(D−0)

운영자와 만나서 고시원 시설 재확인, 입주자 명단, 입주요금 등을 파악하고 공과금을 정리해서 정산한다. 그리고 잔금 지급을 하고 시설을 인수하면 당신이 고시원 사장이 되는 것이다. 잔금 지급 전에 안전시설 등 완비증명서(7일 이내 소요), 사업자등록증(2~3일 이내 소요), 통장을 발급받으면 된다. 상세하게 설명했으니 큰 어려움은 없을 것이다.

6) 인수 후 절차(D+1 이후)

인수 후에 전기, 수도 등의 명의 변경을 진행하면 된다. 추가로 하고 싶은 시설들을 설치하면 된다. 중요한 것은 인수 후에 공실을 줄이기 위한 홍보를 적극적으로 하는 것이다. 앞에서 언급한 홍보방법으로 하면 된다. 인수 전에 운영방식, 즉 직접운영, 위탁경영, 총무 고용, 무인 운영을 결정하면 된다. 집에 비유하면 주민센터를 방문해서 주소를 변경하는 절차와 같다.

당신이 원하는 것은 인수 후에 만실을 채우는 것일 것이다. 그러려면 고객들이 자주하는 질문들을 파악해야 한다. 고객의 불편을 최소화하는 것은 당연하고, 다른 고시원과 차별화를 시켜야 한다. 끊임없이 차별화 전략을 추가하는 것이 가장 중요하다.

독자 중에는 왜 계속 같은 내용을 반복해서 얘기하는지 궁금해 하는 사람도 있을 것이다. 다분한 의도가 있다. 새로운 것을 배울 때 가장 빠른 방법이 반복이기 때문이다. 용어나 내용이 새롭기 때문에 빨리 익숙하게 하고자 하는 것이다. 계속 반복하다 보면 자신도 모르는 사이에 이해를 하고 판단할 수 있는 능력이 생긴다.

개인별로 창업 기간의 차이는 존재한다. 가장 많은 시간이 필요한 매물 찾는 시간 때문이다. 또 하나는 계약 시점과 잔금 지급 시점까지의 기간이 얼마나 걸리는가이다. 대체로 고시원 창업에는 한 달이면 마무리가 된다. 비용 절감을 위한 직거래는 조심하는 것이 좋다. 비용을 절감하려다 큰 손해를 볼 수도 있다. 전문가의 도움을 받아라. 어차피 창업하려면 신중한 검토는 필요하지만 빠른 행동이 더 중요하다. 주위에서 성공한 사람과 부자 중에 미루어서 성공하고 부자가 된 사람들은 별로 보지 못했다. 그러나 머릿속으로 생각만 하고 차일피일 미루다 실패한 사람은 많이 봤다. 목적지에 도착하길 원하면 일단 출발을 해야 한다.

3

지금 당장 고시원을 창업하라

뭘 하든 처음에는 서툴다, 그러므로 지금 시작하라

등산모임 밴드 '산 그대'의 리더를 할 때 얘기다. 분당 정자동에서 저녁 식사를 했다. 다른 모임에 갔다 늦게 여자 산우가 합류했다. 산에 가고 싶은데 너무 초보라 민폐를 끼칠까 참석을 못하고 있다고 했다. 걱정하지 말고 나오면 알아서 챙겨줄 테니 오라고 용기의 말을 해주었다. 필자는 앞에서 산행 리딩도 하지만 맨 뒤에서 산을 잘 오르지 못하는 산우들을 챙기고, 기다려주고, 격려하며 응원하는 '후미 대장'이 주 전공이다.

그분은 얼마 후부터 참석하기 시작했다. 실제로 산행 초보였고, 속도가 늦고 힘들어했다. 처음에는 이렇게 힘들어했던 산우가 참석할수록 덜 힘들어하더니 연말쯤에는 지리산도 거뜬히 완주할 만큼 능숙해졌다. 내년에는 산 다니는 분들의 목표인 설악산 공룡능선에 도전할 예정이다. 1년 동안 50회 정도 참석하는 대단한 열정을 보였다. 송년회 때 그 산우가 말하길, "내가 최근 한 것 중에 '산'에 참석한 게 최고"란다. 자기 자신에 대한 자신감이 생겼고, 건강해졌다는 것이다.

우리가 무엇을 원하든 첫발을 내딛지 않으면 아무런 결과를 얻을 수 없다. 아기도 걷기 위해 첫걸음마를 시작하고, 수많은 시행착오를 통해 걸음을 배우게 된다. 등산에서 보듯이 산우가 용기를 내어 시도해서 얻은 결과이다. '난 체력이 약하니 안 돼, 남에게 민폐만 줄 거야.'라고 생각하고 행동으로 옮기지 않았으면 산에 다니는 많은 사람들이 원하는 지리산을 가지 못했다. 새로운 것에 도전, 행동하게 만드는 것은 그 사람의 열정이다. 일을 시작할 때 중요한 것은 사업계획이나 자금, 인맥이다. 그러나 더욱 중요한 것은 바로 그 사람의 하고자 하는 열정이다. 물론 현실은 열정만으로 움직일 만큼 만만치 않음으로 전략, 전술이 필요하다.

필자는 여러분들이 열정을 가지고 행동하는 데 필요한 전략, 전술을 다 오픈했다.

(1) 왜 고시원 창업인가? 누구나 할 수 있고, 소액투자로 안정적이고 장

기적인 수익을 창출을 할 수 있다는 강점을 설명했다. 노하우가 쌓이면 추가로 사업 확장이 가능하다는 점도 언급했다.

(2) 고시원이란 어떤 것인가? 원룸과 비교하여 차이점과 강점에 대해 언급했다. 고시원을 창업하기 전에 주의할 점들에 관해서도 이야기했다.

(3) 초보자가 따라 할 수 있는 창업 7단계로, 누구나 할 수 있게 쉽고 상세하게 설명했다. 얼마 정도의 투자 금액으로 어느 정도의 수익을 예상하는지도 상세하게 적었다.

이제는 창업하겠다는 결정을 하고 열정을 가지고 구체적으로 행동할 때다.

'그때 고시원 창업을 했었다면…….'

아래 사례는 참으로 아쉽고 마음이 아프지만 설명하겠다.

예전에 강남 도곡동 근처 고시원을 소개해줄 때 이야기다. 탁구동호회에서 만난 두 살 많은 누나가 있었다. 고등학생 딸과 초등학생 아들을 두고 있었다. 남편은 대전에서 직장 생활을 해서 자녀를 등교시키고 낮에 시간 날 때 탁구를 한 번씩 같이 했다.

자기도 일을 하고 싶다고 해서 거주지인 도곡동 근처의 고시원 매물들을 봤다. 매물을 보던 중 뱅뱅 사거리 근처에 신축 중인 고시원을 발견했다. 그 고시원에서 30초 떨어진 곳에 운영 중인 고시원도 있었다. 신축은 총 2억 8,000천만 원이었고, 운영 중인 고시원은 2억 5,000만 원이었다. 둘 다 괜찮았다. 신축의 경우 건물은 좋은데 아래층에 노래방이 있었고, 입주자를 채워야 하는 문제가 있었다. 운영 중인 고시원은 3년 정도 지났는데 시설도 좋았고, 입주비율도 높았다. 직장인들도 많이 선호하는 지역이고, 그 당시 전문대학원 시험 준비 등으로 장기간 입주자가 많아 600만 원 이상 수익이 발생했다.

운영 중인 고시원을 넘겨받는 것으로 결정했다. 그런데 의외의 복병이 있었다. 남편과 상의를 했는데 무작정 반대를 하는 것이다. 이유는 일하지 말고 집에 있으면 좋겠다는 것이었다. 반대가 심해서 결국 계약을 하지 않기로 마무리했다. 그 고시원은 당연히 다른 사람이 인수했다.

문제는 그 다음에 발생했다. 뉴스에도 보도될 만큼 너무나 황망한 일이었다. 한 달 후, 남편에 관한 안 좋은 소식을 접했다. 그 후 얼마 동안 서로 연락이 닿지 않았다. 그러다 연말쯤 다른 분을 통해 소식을 접했다. 본인과 자녀들을 위해 직업과 소득이 필요했으므로 3억 원을 투자해서 나름 유명한 가맹점으로 창업 · 운영했는데 운 나쁘게 가맹점 회장의 '갑질' 뉴스가 보도되면서 매출이 급감했다는 것이다. 결국 1억 원 정도 손해를 보고 가게 문을 닫았다고 한다. '그때 고시원 창업을 했었다면…….' 하는 여운이 계속 남는 소식이었다. 지금까지도 그 누나의 소식은 모른다. 그러나 착한 분이고 성실한 분이니 잘 살고 있을 것으로 믿는다.

안 되는 이유가 아니라 되는 이유를 찾아라

뭔가 새로운 도전을 할 때 실패하는 사람과 성공하는 사람은 사안을 보는 시각이 완전히 상반된다. 실패하는 다수의 사람들은 안 되는 이유를 찾는다. '자본이 적어 안 되지. 체력이 약해서 안 되지. 노하우가 없어 안 되지. 망하면 어쩌지? 내 주제에 뭘 해.' 등 부정적인 단어만 나열하고서 '역시 안 되겠지?'라는 결론에 도달한다. 소수의 성공하는 사람들은 '타인 자본을 조달하면 되지. 방법을 찾으면 되지. 노하우는 배우면 되지. 난 성공할 거야.'라고 하면서 안 되는 이유들을 되는 이유로 바꾼다. 그래서 성공하는 것이다. 한 마디로 마음먹기에 달린 것이다.

물론 실제로 창업한다고 모두가 성공하는 것은 아니다. 예를 들어 주위에서 흔히 하는 말로 주식으로 실패했다는 얘기를 많이 들었을 것이다. 그런데 고시원 창업을 해서 실패했다는 얘기를 들어보았나? 필자는 못 들었다. 다른 어떤 창업보다도 안전하다는 것이다. 필자는 고시원 매물을 보거나 계약을 할 때 양도인에게 꼭 물어보는 질문이 있다. "왜 그만두세요?"이다. 물론 그분들 말을 100% 믿을 수는 없다. 돌아오는 답변들은 '오래 운영해서 지루해서 다른 사업을 하고 싶다, 아프신 어머님이나 아내를 돌보기 위해 매각한다, 다른 고시원으로 확장하거나 집과 너무 멀어서 그만둔다.' 등이다.

2장 '신축과 인수의 차이점'에서 언급한 젊은 부부의 이야기를 다시 해보자. 급매물이라 2일 만에 계약을 하고 2주 만에 잔금을 치르고 인수를 했다. 일정 금액은 타인자본인 대출로 조달했다. 현재까지는 잘 순항 중이다. 약 300만 원의 추가 수익 발생으로 둘의 인생계획의 목표를 달성하기까지의 시간이 많이 단축될 것이다.

그들은 주말에 시간이 나면 고시원을 방문한다. 남편이 필자에게 전화해서 재미나는 이야기를 해주었다. 아내가 말하길, 휴대전화로 돈이 입금되었다고 뜨는 알람이 너무나 좋다고 했단다. 고시원을 창업하기 전에는 매월 한 번씩 급여 입금 알람이 울리고, 그 다음부터는 출금 알람만 울렸다. 그런데 지금은 출금 알람보다 고시원 입주요금 입금 알람이 훨씬 많다는 것이다.

물론 이 부부처럼 바로 결정하고 행동하는 것이 쉬운 것은 아니다. 사람마다 여건이 다양하기 때문이다. 경험적으로 빠르게 결정하고 실행하는 사람들이 돈을 벌고 다른 일에도 성공한다. 1:1 고시원 창업 코치를 하다 보면 제일 많이 마주하는 거절이 "남편(부인)이 반대해서 못한다."라는 말이다. 너무나 당연하다.

첫 번째, 요즘 세상에 성공하는 아이템 찾기가 쉽지 않은데 창업을 한다니 당연히 반대다. 두 번째, 컨설팅을 받지 않은 배우자는 고시원 창업에 대한 제대로 된 정보가 없으니 불안하다.

그래서 필자는 상담자가 기혼일 경우 특별한 경우가 아니면, '부부가 같이 방문하지 않으면 코칭을 진행하지 않는다.'는 원칙을 가지고 있다. 경험상 부부가 같이 '오케이!' 해야 창업을 할 수 있다. 또 서로 바쁜 시간을 낭비할 필요가 없기 때문이다. 또 고시원을 운영하게 되면 가족의 도움이 필요하다.

여자 산우가 지리산 정상을 오르는 것을 바라보는 관점은 다양하다. 필자처럼 몇 번 올라본 사람은 열심히 준비하고, 한 걸음 한 걸음 걷다 보면 누구나 오를 수 있는 산이라 생각한다. 어떤 사람은 저 높은 산을 어떻게 올라 가냐며 미리 포기한다. 다른 사람은 '한 번 올라볼까?' 하면서 지리산에 대해서 알아보고, 어떻게 준비하면 오를 수 있을까 고민한다.

필자의 경험에 따르면, 산은 오르겠다는 의지가 있는 사람은 누구나 올랐다. 선두에 있는 대장의 말을 잘 듣고 같이 산행하는 산우들과 협력하며 후미 대장의 도움을 받는다면 누구나 지리산을 오를 수 있다. 절대적으로 필요한 것은 오르고자 하는 의지와 열정이다.

어떤 일을 창업하고 운영하는 것도 똑같다. 확실한 목표를 세우고 성공 의지, 열정이 우선이다. 나머지 기획, 전략, 전술은 전문가를 통해서 습득하고 도움을 받으면 된다.

4

대한민국 최고의 고시원 컨설턴트가 되다

내 꿈은 백수이자 존경받는 부자!

거위의 꿈

카니발

난, 난 꿈이 있었죠. 버려지고 찢겨 남루하여도

내 가슴 깊숙이 보물과 같이 간직했던 꿈

혹 때론 누군가가 뜻 모를 비웃음 내 등 뒤에 흘릴 때도

난 참아야 했죠. 참을 수 있었죠 그 날을 위해

늘 걱정하듯 말하죠. 헛된 꿈은 독이라고

세상은 끝이 정해진 책처럼 이미 돌이킬 수 없는 현실이라고

그래요 난 꿈이 있어요. 그 꿈을 믿어요.

나를 지켜봐요 저 차갑게 서있는 운명이란 벽 앞에 당당히 마주칠 수 있어요

언젠가 나 그 벽을 넘고서 저 하늘을 높이 날을 수 있어요

이 무거운 세상도 나를 묶을 순 없죠.

내 삶에 끝에서 나 웃을 그날을 함께 해요

……

카니발이 부른 '거위의 꿈'이란 노래의 가사 중 일부다. 가수 인순이가 불러 훨씬 더 유명해진 곡이다. 부르지는 못하지만 무척 좋아하는 노래다. 가사에 내가 꿈꾸고 실행하는 모든 내용이 담겨 있다. 꿈을 향해 가다 보면 수많은 시련과 실패가 있겠지만 결국 꿈을 이룰 것이다. 나의 꿈은 백수이자 인정받고 존경받는 성공한 부자이다.

첫 직장은 증권사였고 대부분 근무기간을 기업분석가로 보냈다. 한 마디로 24시간 자지 않고, 연구하고, 발로 뛰었다. 그러다 보니 5년 정도 지

났을 때, 자타가 인정하는 기업분석가가 되었다. 틈만 나면 현장인 회사들을 찾아 방문했다. 그때 방문한 기업이 2백 곳이 넘었다. 갑자기 기획실로 발령이 나면서 전문가라는 타이틀 획득은 실패했다.

그리고 푸르덴셜생명에서 보험영업을 하면서 전문가가 되었다. 이때는 7TO11(7시 출근, 11시 퇴근)은 기본이었다. 하루에 4시간 이상 자지 않으면서 보험영업에 열중했다. 한번은 전국을 밤낮없이 다니다 고속도로에서 타이어가 파손되어 견인이 되는 아찔한 순간도 경험했다. 수많은 고객들을 만나면서 그분들의 니즈를 파악하고 정확한 솔루션을 제공하면서 고객들로부터 전문가 타이틀을 얻었다. 엄청난 시간 투자와 노력의 결과로 7년 연속 MDRT, 연봉 1억 원 이상을 기록하였다. 거의 처음으로 '재무 설계'라는 용어와 '금융 주치의'라는 단어로 재테크 칼럼을 네이버에 게재했다. 몇 분의 연예인 컨설팅도 언론에 노출된 때였다. 더욱 더 열심히 하고 겸손했어야 하는데 건방지고 교만해지는 바람에 나락으로 떨어졌다. 지금은 그때의 건방지고 교만함을 처절하게 반성하는 시간이었다. 장기간 동안 반성과 점검의 시간을 거쳐 고시원 전문가로 인정받기 시작했다. 솔직히 고시원 전문가는 이제 출발점이라 생각한다. 아직도 갈 길이 멀다. 많은 어려움과 시련이 있을 것이다.

현 시점에서 필자가 할 수 있는 것은 '나를 향한 선언문'을 바탕으로 더 높은 곳을 향해 뚜벅뚜벅 걸어가는 것이다. 필자의 고시원 사업에서 단순한 창업 · 운영 컨설팅을 하는 사람, 거쳐 가는 사람이 되고 싶지 않다. 필자가 중심이 되어 고시원 종사자가 모이는 박람회 같은 것도 개최하고 싶다. 예비창업자, 고시원 운영자, 중개사, 고시원 관계자들이 같이 모이는 것이다. 필자는 고시원이 한 단계 업그레이드된 주거문화 공간으로 변화하는 데 기여하고 싶다.

나를 위한, 내가 만든 선언문

최근에 만든 나를 향한 선언문이다.

一. 나는 억세게 운이 좋다.

一. 나는 내 생각대로 미래를 만들 수 있다.

一. 나는 남을 험담하거나, 탓하거나, 싸우지 않는다.

一. 나는 크게 성공하고 부자가 되어 사회에 환원한다.

一. 나는 1년에 최소 2권의 책을 출판한다.

一. 나는 나를 돕는 모든 분들에게 진심으로 감사한다.

一. 나는 평생 자기계발을 위해 노력한다.

이 책 집필을 계기로 이름을 재달(達, 통달할 달)로 개명한다. 진정한 성공을 위해서는 현재와 결별이 필요하다는 의지의 표현이다. 또한 '고시원 분야에서 통달한 재달'이 되고자 하는 결심이다. 7가지를 실천하기 위해서 또 다른 기본적인 마음가짐이 필요하다. 필자를 걱정하고 아끼는 지인이 조언해 준 말이다. 뒤를 돌아보고 좀 더 신중하게 행동하라. 나를 내려놓아야 새롭게 채워진다. 그동안 신중하지 않고 급하게 행동하고, 과거의 나쁜 습성을 버리지 않으면 앞으로 갈 수 없다. 나를 향한 선언문을 하나씩 설명하면 다음과 같다.

(1) 나는 억세게 운이 좋다. 제가 잘 아는 회장님이 매번 하시는 말씀이다. "인생은 운 7, 복 3이다." 처음에는 잘 이해를 못했는데 최근에는 들을 때마다 의미가 새롭다. 한마디로 정리하면 자신의 운은 만드는 것이고, 자신의 복도 만드는 것이다. 진정으로 열심히 하는 사람에게 운이 안 따를 일이 없고, 끊임없이 노력하는 사람인데 복이 온다는 의미이다. 자기가 진정으로 열심히 하면 운 7, 복 3이 온다. 항상 끊임없이 연구하고 열심히 하리라.

(2) 나는 내 생각대로 미래를 만들 수 있다. 내가 하고자 하는 꿈과 목표를 정하고, 성공할 때까지 시도하면 내 생각대로 미래를 만들 수 있다. 포기하지 않고 성공할 때까지 도전하겠다.

(3) 나는 남을 험담하거나, 탓하거나, 싸우지 않는다. 모든 결과의 책임은 나 자신이다. 남 얘기하는 나쁜 습관을 버리고자 구체적으로 적었다. 주장이 강한 내 성격이 갈등을 유발했던 과거를 청산하고자 한다.

(4) 나는 크게 성공하고 부자가 되어 사회에 환원한다. 꿈과 목표는 큰 게 좋다고 한다. 남들이 말하는 큰 성공과 부자가 꼭 될 것이다. 사회복지대학원을 진학한 것도 사회 환원 생각 때문이었다. 내가 크게 성공하고 부자가 되어 꿈을 잃어 가고 있는 청소년들에게 도움을 주는 역할을 하고 싶다.

(5) 나는 1년에 최소 2권의 책을 출판한다. 처음으로 책을 쓰고 있는데 고통스럽기도 하다. 한편으로는 책을 쓰는 게 솔직히 재미도 있다. 나 자신이 정리도 되고 많은 공부가 된다. 1년에 2권 이상은 집필하고자 한다. 동기부여와 자기계발 주제에 가장 관심이 많다.

(6) 나는 나를 돕는 모든 분에게 진심으로 감사하다. 내가 착각하고 살아온 게 내가 잘나서라는 생각이었다. 주위 분들의 헌신적인 도움이 없으면 불가능함을 이제는 안다. 항상 감사하고 배려하고자 한다.

(7) 나는 평생 자기계발을 위해 노력한다. 통달한 사람은 계속해서 배우고, 연구하고, 새로운 것을 받아들이는 사람이다. 고시원 전문가는 많다. 그러나 통달한 사람은 많지 않다. '통달한 황재달'이 되도록 노력하겠다.

필자의 인생의 꿈과 목표는 백수와 존경받는 사람이다. 필자가 가장 하고 싶은 것은 '동기부여 강연자'이다. 힘들어하고, 방황하고, 지친 사람들에게 길잡이가 되고 싶다. 그리고 용기를 주면서 그들의 변화와 성장을 지켜보는 것이 너무나 재미있고 보람을 느낀다.

꿈과 목표를 가지고 구체적인 계획이 있어야 성공할 수 있다. 이 책을 읽고 있는 독자들에게 말하고 싶다.

"본인의 꿈과 목표를 설정하고 성공적으로 이루었을 때 정상에서 만납시다!"

5

5년 안에 '오픈하우스' 200개 오픈하기

노하우가 축적되면 확장 속도는 빨라진다

2020년 4월 책 출판 후 시작한 컨설팅을 통해 '오픈하우스'가 벌써 10호점을 계약했다. 개포점, 논현점, 외대점, 양재점, 노원점, 단국대점, 응암역점, 구의점, 염창역점, 정발산역점을 차례로 계약했다. 비록 신생회사 '오픈컨설팅'이지만 그 전에 준비한 시스템과 매뉴얼을 바탕으로 원장님들의 만족을 통해 오픈하우스를 개점하고 있다. 가장 쉽고, 상세한 프로세스와 업무 매뉴얼을 통한 시스템이 갖추어지면 200개 오픈은 그리 어려운 것이 아니다.

필자는 '오픈하우스' 상표를 사용하고 있다. 상표 통합화 작업을 하기 위해서는 간판의 디자인과 설치회사 선정이 중요하다. 물론 통일 상호는 필자가 만들었다. 의미는 누구든 모든 사람들이 편안하게 지낼 수 있도록, 어디에나 고시원을 오픈하는 것이다. 이런 생각도 하고 있다. 지방에 있는 우리 고시원 고객이 갑자기 서울에 오게 된다. 숙소 구하기도 어렵고 추가 비용이 발생할 수도 있다. 이때 출장지와 가까운 우리 고시원에 고객 서비스 개념으로 숙박을 제공하는 것이다. 물론 서울의 우리 고시원 고객도 지방으로 출장 갈 때도 같은 개념으로 적용이 된다. 또한 업종 확대도 고려한 브랜드이다. 중기적으로 게스트하우스도 관심이 있는 아이템이다. 외국인들이 숙박을 원할 때 우리 회사 브랜드를 사용하면 될 것이다.

시작은 미미하나, 끝은 창대하리라!

작년에 모처럼 대학동창끼리 만나서 술자리를 가졌다. 술이 한 순배 돌고나서 나이가 50대라 은퇴 후 삶에 대한 이야기들을 했다. 대기업에 다니는 한 친구가 필자에게 질문했다.

"재달아, 너는 은퇴 후 뭘 할 거니?"
"재영아, 넌 뭘 할 건데?"

"응. 난 회사 일이 바빠서, 그런 거 고민해본 적 없어."

"그니까, 자슥. 재달아, 넌 뭘 할 건데?"

"난, 고시원 창업했어."

"고시원? 아이 자슥, 쫀쫀하게 고시원이 모니?"

필자는 그냥 웃고 말았다. 전형적인 대기업에 다니는 부류들의 허세에 지나지 않고, 그런 한가하고 쓸데없는 얘기가 싫었다. 필자도 고시원을 알기 전에는 재영이 같은 친구와 똑같은 생각을 했다. 재영이도 아마 일정 시간이 지나거나 50대 중반이면 명예퇴직인데. 그때가 되면 필자를 찾아오겠지. 그때라도 도와 줄 생각이다. 필자 주위에 있는 사람들이 잘 되는 것은 필자가 잘 되는 것과 다를 바가 없기 때문이다. 필자는 옛날부터 주위 사람들이 잘 되면 진심으로 축하해 주었다. 부자들을 대체로 존경하는 편이다. 그러나 금수저와 인격적으로 하자가 있는 사람들은 제외한다. 부자를 인정하는 이유는 부자가 되기 위해서는 당연히 일반인들보다 몇 배 더 고민하고, 노력을 했을 것이기에 인정해 주는 것이 당연하다.

오픈컨설팅은 고시원 창업. 운영, 관리 등에 있어서 나름 완벽한 네트워크를 갖추고 있다. 신축할 경우 설계사, 건축사, 인테리어 등의 인력풀을 가지고 있다. 구조개선업자도 세 분의 훌륭한 사업자를 모시고 있다. 기타 고시원 수리, 간판, 세무, 법무서비스, 보험가입 등도 원장님들이 원하면 일체의 프로세스로 진행이 가능하다. 그렇다고 추가적인 비용을 지불하지는 않는다. 그냥 편리하게 이용할 수 있고, 연락처 등도 원장님들께 공개하고 있다.

필자는 원장님들이 고시원 창업을 통해 다함께 부자가 되는 것을 소망한다. 이를 통해 필자의 목표인 오픈하우스 200개를 오픈하는 것이다. 5년 이내의 목표이기에 필자의 버킷리스트 5번째에 위치하고 있다. 흔히 이야기하는 가맹점회사 가맹주가 되는 것이다. 가맹주로서 갑질을 한다든지, 물건 구입을 강요하는 등은 추호도 관심이 없다. '오픈하우스' 상호와 간판을 사용하는 데 소액의 금액만 지불하면 된다. 필자의 고시원 경영철학과 기업가 정신에 대해서 동감하는 분이면 오픈하우스를 사용할 수 있다.

상담을 하다 보니 생각보다 위탁경영에 대한 많은 요청이 있다. 위탁경영은 투자 대상에 투자하고 전문 업체에 운영을 맡기는 것이다. 현재 재직 중인 사람들의 요청이 많다. 시스템과 프로세스를 잘 갖추면, 위탁경영은 별로 어렵지 않다. 오픈하우스의 위탁경영은 특이하게 현재 원장님이 위탁경영을 맡게 될 것이다. 위탁수수료는 누구나 납득할 수 있는 금액이다. 현재 원장님들이 위탁경영을 맡으면서 얻게 되는 강점이 두 가지 있다. 위탁하는 분들은 현재 원장님이니 신뢰를 가질 수 있고, 수탁자 입장에서는 나중에 서로가 만날 사이이므로 함부로 고시원을 운영, 관리할 수 없다. 두 번째는 위탁자 입장에서는 비용이 많이 나가지 않고, 수탁자 입장에서는 추가적인 소득원이 발생한다는 강점이 있어 서로가 이익이다. 만약, 퇴직을 하여 본인이 운영을 원하면 위탁 계약은 자동으로 해지가 될 것이다. 일정기간 노하우 전수를 해 줄 것이다.

"시작은 미미하나, 끝은 창대하리라."라는 말이 있다. 오늘도 200호점 오픈하우스를 꿈꾸니, 너무나 행복하다. 2025년 전에는 200개점 오픈을 목표로 하고 있다. 우리나라 최고의 기업인 삼성도 시작은 미미했다. 반대로 갑자기 급성장했다가 하루아침에 사라지는 기업들도 볼 수 있다. 모래성을 지은 것이다. 지속적인 성장과 갑자기 망하는 기업의 차이는 무엇일까? 단순하다. '시스템과 프로세스가 갖추어져 있는가?'의 문제이다. 더욱더 상세하고 쉬운 매뉴얼을 만들어서 200호점이 아닌 1,000호점도 가능하도록 하겠다.

6

내 꿈은 '청소년 드림센터'를 만드는 것이다

'깡촌 소년', 이제 제2의 전성기를 맞다!

필자는 아주 작은 '깡촌'에서 태어났다. 필자의 고향은 1990년대가 되어서야 도로포장이 된 진짜 시골이었다. 그곳에서 10년 동안 자랐다. 어릴 때, 새벽에 일어나서 소여물을 먹이러 산으로 간 기억이 있다. 두 번째는 거의 1시간의 거리를 뛰고 걸어서 학교를 오고 간 기억이다. 공부라는 단어는 사전에만 있는 줄 알았다. 초등학교 4학년 때 부모님의 교육열 때문에 가족 모두 마산으로 이사 왔다. 그때도 필자에게는 공부는 사전에만 있는 단어였다. 어린 나이에 조기축구회에 나가고, 그냥 학교는 왔다 갔다만 했다. 시험공부를 해본 적도 참고서를 사본 적도 없었다. 인문계 고등학교에 진학했다. 지금은 엄청난 명문고로 탈바꿈했다. 고등학교 1학년 중간고사 때 공부에 눈을 떠서 시험공부를 처음 해봤다. 기본기가 없어서 수학, 영어, 국어는 수업내용을 이해할 수가 없었다. 전체적으로 수준이 떨어지는 학교라 열심히 하니 금방 반 1등이 되었다. 졸업 때는 전교 5위 안에 들어 1등급을 받고 졸업했다. 대학교 시험을 봤는데 점수가 낮아, 집 가까운 대학도 낙방했다. 어쩔 수 없이 재수를 했다. 1년간 6시에 집에서 나와 11시에 집으로 가는 시간 투자로 운 좋게 성균관대학교에 입학했다. 1등급의 혜택을 많이 보고 꼴찌로 입학했으리라 생각한다. 1학년 때 신나게 놀다 2점대 학점을 받고 군대를 다녀왔다. 복학 후에는 열심히 공부했고. 뜻하지 않게 학회장도 맡아 임무를 잘 수행했다. 졸업할 때는 동기 중에서 취업 1순위였다.

1994년 졸업하기 전에 많은 사람들의 부러움을 사면서 증권회사에 취업하였다. 그 당시에 가장 적은 근무 시간에 높은 연봉을 주는 직업 중의 하나였다. 오후 3시 30분이면 퇴근이었다. 당시 최고 번화가인 명동에서 6개월 동안 근무했다. 그리고 여의도에서 기업분석가로 5년 정도 근무하고 퇴사했다. 불합리한 승진제도에 '욱'해서였다. 퇴사 후 1년간 경영 컨설팅 사무실을 오픈해서 경영했지만, 그동안 모은 돈을 다 날렸다. 2001년 푸르덴셜생명에 입사해서 7년 동안 정말로 열심히 일했고, 최고의 전성기를 누렸다. 가족들과 매년 해외여행 초대를 받았고, 많은 소득과 활

발한 활동을 하였다. 기부와 봉사를 통해 좋은 일도 많이 했다. 제1의 전성기였다고 생각한다. 잘 생활하다 회사의 불합리한 정책에 반발하여, 매트라이프생명 부지점장으로 스카우트되면서 하락의 길로 접어들었다. 두 번의 실패 모두 준비하지 않고 무작정 덤빈 결과였다. 올라가면 내려오는 법인데, 그때는 잘 몰랐다. 그리고 평범한 직장 생활로 거의 10년이란 시간을 보냈다. 여기에서 '겸손, 배려'라는 단어를 배웠다. 아직도 부족하지만 채워가려고 한다. 필자는 퇴사를 했다. 제2의 전성기를 위해서다. 2년간 엄청난 시간과 비용을 투자해서 고시원 전문가가 되었다.

제2의 전성기를 위해서 고시원 전문가로 힘차게 출발을 했다. 가다 보면 넘어지고, 엎어지고, 무릎이 깨지는 일들이 생길 것이다. 많은 실패와 성공을 경험했기에 이제 두렵지 않다. 살면서 터득한 철학은 다음과 같다.

(1) 해결책 없는 문제는 없다.
(2) 간절히 원하면 꼭 이루어진다.
(3) 꿈은 꾸는 만큼 성취한다.

반드시 이루어질 필자의 버킷리스트

오늘 세상을 향해 필자의 5년 후에 이루어질 버킷리스트를 오픈하고 과감하게 세상에 도전장을 던지고자 한다.

(1) 50만 베스트셀러

(2) 5억 강연가

(3) 50만 유튜버

(4) 100억 자산가

(5) 200개 '오픈하우스'

(1) 50만 인기도서 작가가 첫 번째 버킷리스트다. 지금 집필 중인 책을 시작으로 고시원, 재무 설계(재테크), 동기부여 관련 책들을 계속해서 출판할 것이다. 책을 쓰다 보니 어렵고, 고통스러운 면도 있다. 적당한 스트레스는 받지만 나름 재미나고, 즐거운 측면이 더 많다. 필자는 실용서적을 집필 예정이므로 깊이 있는 연구와 심오한 내용은 필요 없다고 생각한다. 꾸준히 책을 쓰다 보면 베스트셀러 책이 탄생할 것이다.

(2) 5억 강연가가 되는 게 두 번째 버킷리스트다. 어릴 적에는 말도 못 하는 수줍은 성격이었는데 군 분대장생활과 대학교 학회장을 거치면서

성격이 많이 변했다. 남들 앞에 선다는 것은 항상 떨리는 일이지만, 거기서 재미를 느낀다. 세미나나 컨설팅은 어렵지 않다. 보험회사 다닐 때 3,000명 이상 상담을 했고, 자신 있는 분야는 가장 경험이 많은 재무 설계 관련 분야이며, 다양한 곳에서 세미나와 강연을 했다.

그 다음은 현재 운영 중인 고시원 창업 관련 세미나와 1:1 코칭이다. 고시원 분야는 크게 어렵지 않다. 필자가 제일하고 싶은 강연 분야는 동기부여 관련이다. 많은 사람들의 문제점들을 서로 대화를 통해서 도출하고, 동기부여와 함께 해결책을 찾는 과정은 참으로 매력 있다. 클라이언트가 해결책을 실행하고 서로 피드백을 통해 최종적인 목표에 도달할 때는 희열을 느낀다. 물론, 여러 명의 단체 강연도 그렇다. 일반적인 강의식이 아니라 서로가 대화와 소통을 통해서 문제도출과 해결책을 찾는 과정은 인간 냄새가 물씬 나는 과정이다. 필자의 진정한 꿈이자 소망은 강연 분야에서 자타가 인정하는 강연가가 되고 싶은 것이다.

(3) 50만 유튜버가 세 번째 버킷리스트다. 요즘의 대세는 뭐니 뭐니 해도 유튜버다. 초등학생들의 되고 싶은 직업 3위에 올랐다. 필자는 외모와 사투리 섞인 말투 때문에 방송을 하기에 제약 요건이 있다. 반대로 생각하면 시청자들이 편안하게 느낄 수도 있다고 생각한다. 방송채널은 '재테크 주치의'와 '고시원TV' 채널만 개통한 상태다. 꾸준히 콘텐츠를 올릴

예정이다. 처음에는 시청자 유치를 위해 고시원과 재테크 관련 콘텐츠가 주가 될 것이다. 안정기에 접어들면 사람 냄새나는 콘텐츠를 추가하고 싶다. 또 유튜브를 통해 하고 싶은 방송내용은 여러 유명인사와 많은 작가들을 모시고 어떻게 재테크를 하는지 인터뷰 방송을 하고 싶다. 그리고 다른 채널과 다양한 제휴 방송도 하고 싶다. 혼자서 50만은 어렵지만 서로가 제휴를 하면 한결 쉬워질 것이다. 다른 유튜버가 초대를 하면 적극적으로 응할 것이다. 서로가 상호 도움이 될 것이다.

(4) 100억 자산가이다. 경험과 지혜를 나누어서 부자가 되는 경우는 짧은 시간에도 충분이 가능하다는 것을 수많은 사람들이 증명해 주고 있다. 부자에 대한 생각의 변화, 부자가 되고픈 간절한 마음, 아주 구체적인 계획과 실천이 이루어진다면 당연히 가능하다고 생각한다. 여기에서 꼭 필요한 것은 남들과 '차별화된 아이템'이다. 필자가 집필하고 고시원의 창업과 운영에 관한 책은 대한민국 최초이자 차별화된 아이템이다. 심도 있게 연구하고 찾으면 차별화된 아이템을 만들 수 있다. 필자는 고시원과 동기부여 관련 분야에서 통달을 하고 싶다. 통달을 했다는 말은 부가 따라온다는 것이다. 멈추지 않고 끊임없이 배우고, 연구하다 보면 통달에 도달할 것이다.

(5) 200개 '오픈하우스' 개점이다. 앞에 몇 차례 언급한 내용이라 길게

쓰지는 않겠다. 시스템과 인적 네트워크를 통한 제휴로 200개를 오픈하는 사업가를 희망한다. 부자가 되어야 필자가 원하는 '오픈하우스 타워'에 200개 고시원 사진들도 전시할 수 있다. 타워에 다양한 고시원 모델들을 지어서 방문자들을 위해 개방할 것이다.

어떤 사람들은 말도 안 되는 소리라고 할 것이고,
어떤 사람들은 꿈이 있으니 될 것이라 응원할 것이다.

필자는 응원하는 사람들의 목소리만 들을 것이다.
필자에게는 설악산을 오를 수 있는 건강한 신체가 있다,
필자에게는 누구보다 건전한 가치관과 다양한 아이디어가 있다.
필자에게는 누구보다 필자를 도와줄 좋은 분들이 있기에 가능하다. 꼭 이룰 것이며, 꼭 해낼 수 있다.

버킷리스트 5가지는 꼭 성공을 할 것이다. 필자의 마지막 소망이 있기 때문이다.

필자는 대학원에서 사회복지정책을 공부했다. 전공을 살리고 싶다. 오랫동안 생각했던 관심 분야가 청소년이다. 꿈을 잃어가는 청소년들에게 꿈을 주고 싶다. 대한민국의 희망과 미래가 청소년이다. 청소년들이 원 없이 책을 읽고, 원 없이 유명인 강의를 듣고, 원 없이 하고 싶은 것들을

배울 수 있도록 '청소년 드림센터'를 만들고 싶다. 혼자의 힘으로는 부족하겠지만, 이 책을 보고 있는 독자를 비롯해 많은 분에게 취지를 설명하고 홍보를 하면 충분히 가능할 것이다. 필자도 많은 재산을 기부할 것이고, 무료로 봉사할 것이다.

고시원 창업 비법 - "다 함께 부자 됩시다!"

⑤ 고시원 창업으로 다 함께 부자 됩시다

고시원 창업이라는 작은 출발로 부자가 될 수 있다. 본문에 언급된 직장인, 주부, 퇴직자 등 여러 성공사례가 존재한다. 독자 여러분도 고시원 창업을 통해 다함께 부자가 될 수 있다.

– 원룸, 오피스텔, 상가보다 고시원 창업이 매력적인 투자 대안이다.
– 고시원 창업은 한 달이면 가능하다. 미루지 말고 지금 당장 창업을 시작하라.

우리가 어떤 결과를 바란다면 시도를 해야 실패나 성공의 결과를 얻을 수 있다. 포기를 해야 실패하는 것이다. 포기하지 않고 끊임없이 도전하면 결국 성공할 수 있다. 필자는 고시원 전문가와 동기부여 강연을 통해 성공한 부자가 되고 싶다. 그리고 마지막으로 '청소년 드림센터'를 꼭 만들고 싶다.